An einer Gracht in Amsterdam

Ik spreek helaas geen Duits.

„Ich kann leider kein Deutsch..." — das werden Sie auf Ihrer Reise durch die Niederlande gewiß zu hören bekommen, wenn Sie versuchen, sich auf deutsch zu verständigen. Dieser kleine Sprachführer soll Ihnen helfen, diese Schwierigkeit auch ohne Vorkenntnisse überwinden zu können. Wir haben uns bemüht, auf engem Raum und in übersichtlicher Form alles dafür Nötige unterzubringen und alles Überflüssige fortzulassen.

Zunächst einige Hinweise für die Benutzung des Heftes in der Praxis:

1. Mit Hilfe der Bildsymbole auf den Seiten 1 und 32 finden Sie mühelos das gesuchte Kapitel, ohne auf Seitenzahlen achten zu müssen.

2. Auf den zwei folgenden Seiten finden Sie einige ganz knapp gefaßte Erläuterungen zur *Grammatik* und *Aussprache*, die Sie schon vor Ihrer Reise studieren sollten.

3. Die dreizehn, nach Sachgebieten geordneten Einzelkapitel nehmen jeweils zwei sich gegenüberliegende Seiten ein. Dabei finden Sie im allgemeinen auf der *linken* Seite die wichtigsten Fragen, Antworten und anderen Sätze, auf der *rechten* Seite (alphabetisch geordnet) die wichtigsten Wörter und in einem *Kasten* einige häufig vorkommende Auf- und Inschriften.

4. Zwecks Platzersparnis haben wir oft mehrere Sätze zusammengefaßt und dabei die auszutauschenden Wörter oder Satzteile durch *Kursivdruck* gekennzeichnet. Ein Beispiel: „Haben Sie nichts *Billigeres (Besseres)*? = Hebt u ook iets *goedkopers (beters)*?" Das bedeutet: „Haben Sie nichts Billigeres?" heißt „Hebt u ook iets goedkopers?", und „Haben Sie nichts Besseres?" heißt „Hebt u ook iets beter?"

5. Mit einem * sind die Fragen und Antworten bezeichnet, die Sie von einem Holländer oder Flamen hören werden.

Und nun wünschen wir: *Goede reis!* — Angenehme Reise!

3

Ein bißchen Grammatik...

??
● ●

Ehe Sie mit diesem Sprachführer auf die Reise gehen, sollten Sie sich zumindest einige Grundregeln der niederländischen Grammatik einprägen, damit Sie dann die gewünschten Sätze selbst bilden können.

Geschlechtswort (Artikel)

Vor männlichen und weiblichen Substantiven ist der bestimmte Artikel de, vor sächlichen het; im Plural ist er für alle drei Geschlechter de. Der unbestimmte Artikel lautet immer een.

Hauptwort (Substantiv)

Das Substantiv wird nicht dekliniert. Der Plural wird meistens mit der Endung -en gebildet; die wenigen Ausnahmen müssen mit dem Wort gelernt werden, z. B. *stad-steden* (Stadt-Städte), *kind-kinderen* (Kind-Kinder); alle Verkleinerungswörter und Substantive auf *-el, -em, -en, -er* bilden ihren Plural mit der Endung *-s*, z. B. *meisje-meisjes* (Mädchen).

Eigenschaftswort (Adjektiv)

Einzige Beugungsendung des Adjektivs ist -e, z. B. *de brede straten* (die breiten Straßen); unverändert bleibt das Adjektiv vor sächlichen Substantiven im Singular nach dem unbestimmten Artikel, z. B. *een oud huis* (ein altes Haus). Bei der Steigerung des Adjektivs wird der Komparativ mit -er, der Superlativ mit -st gebildet; endet das Adjektiv auf -r, wird im Komparativ ein -d- eingeschoben, z. B. *duur-duurder-duurst* (teuer, teurer, teuerst-); unregelmäßige Steigerung haben z. B. *goed-beter-best* (gut-besser-best-), *veel-meer-meest* (viel-mehr-meist), *weinig-minder-minst* (wenig-weniger-wenigst-). Nach dem Komparativ steht **dan** (als).

Fürwort (Pronomen)

Das persönliche Fürwort lautet im Nominativ *ik* (ich), *jij, je* (du), *u* (Sie), *hij* (er), *zij, ze* (sie), *het* (es), *wij, we* (wir), *jullie* (ihr), *zij, ze* (sie); im Dativ und Akkusativ *mij, me* (mir, mich), *jou, je* (dir, dich), *u* (Ihnen, Sie), *hem* (ihm, ihn), *haar, ze* (ihr, sie), *het* (ihm, es), *ons* (uns), *jullie* (euch), *hun, hen, ze* (ihnen, sie); das besitzanzeigende Fürwort lautet: *mijn* (mein), *jouw* (dein), *uw* (Ihr), *zijn* (sein), *haar* (ihr), *onze, ons* (unser), *jullie* (euer), *hun* (ihr); außer *onze* (vor einem sächlichen Substantiv im Singular *ons*) wird das besitzanzeigende Fürwort nicht dekliniert.

Zeitwort (Verb)

zijn (sein), *hebben* (haben), *zullen* (werden) werden konjugiert a) im Präsens: *ik ben, heb, zal; jij, u bent, hebt, zult; hij, zij, het is, heeft, zal; wij, jullie, zij zijn, hebben, zullen*; b) im Imperfekt: *ik, jij, u, hij, zij, het was, had, zou(dt); wij, jullie, zij, waren, hadden, zouden*; c) im Perfekt: *ik ben geweest, ik heb gehad*; d) im Futur: *ik zal zijn, hebben*.

Die schwachen Verben haben im Imperfekt die Endung -te und im Partizip -t, wenn der auslautende Stammkonsonant hart, -de, bzw. -d, wenn er weich ist. Die zusammengesetzten Zeiten werden mit *hebben* und *zijn* gebildet. Im Fragesatz verliert das Verb in der 2. Person Singular Präsens die Endung -t. Die Formen lauten im Präsens: *ik werk (volg), jij, u, hij, zij, het werkt (volgd), wij, jullie, zij werken (volgen)*; im Imperfekt: *ik, jij, u, hij, zij, het werkte (volgde), wij, jullie, zij werkten (volgden)*; im Futur I: *ik zal werken (volgen)* usw.; im Futur II: *ik zal gewerkt hebben (gevolgd zijn)*; im Konditional I: *ik zou werken (volgen)*; im Konditional II: *ik zou gewerkt hebben (gevolgd zijn)*.

Die Personalendungen der starken Verben sind wie die der schwachen Verben. Die wichtigsten Verben der 7 Klassen sind:

1a. *beginnen — begon — begonnen*; ebenso: *binden, drinken, klinken* (klingen), *schrikken* (erschrecken), *springen, vinden* (finden), *winnen* (gewinnen).

1b. *bergen —borg — geborgen*; ebenso: *gelden* (gelten), *schelden* (schimpfen), *schenken, smelten* (schmelzen), *treffen, trekken* (ziehen), *zwemmen* (schwimmen).

1c. *helpen — hielp — geholpen*; ebenso: *bederven* (verderben), *sterven* (sterben), *werpen* (werfen), *zwerven* (umherstreifen).

2a. *scheren — schoor — geschoren*; ebenso: *wegen* (wiegen), *bewegen*.

2b. *bevelen — beval — bevolen*; ebenso: *breken* (brechen), *nemen* (nehmen), *spreken* (sprechen), *stelen* (stehlen).

3a. *eten — at — gegeten*; ebenso: *geven* (geben), *lezen* (lesen), *meten* (messen), *treden* (treten), *vergeten* (vergessen), *vreten* (fressen).

Polyglott-Sprachführer

Niederländisch

Holländisch
Flämisch

Polyglott-Verlag München

AUSSPRACHE DES NIEDERLÄNDISCHEN

ch	wie *ch* in lachen	*s*	wie *ss* in Wasser
ei	wie *äi* (kurzes *ä* + *i*)	*sch*	wie *ss*+*ch* (*ch* wie in Krach)
eu	wie *ö* in lösen	*tie*	wie *zih*
g	wie *ch* in lachen, doch	*u*	wie *ü*
	ohne Kratzgeräusch	*ui*	wie *ö* in öffnen + *i*
ieuw	etwa wie *ih-u*	*v*	ein Laut zwischen *w* in Wasser
ij	wie *äi* (kurzes *ä* + *i*)		und *f* in finden
oe	wie *u*	*z*	wie *s* in Rose
ou	etwa wie *au*		

Alle übrigen Buchstaben werden etwa so wie im Deutschen ausgesprochen.

*

Auflage: 11. 10. 9. 8. | Letzte Zahlen
Jahr: 1979 78 77 | maßgeblich

© 1962, 1972 by Polyglott-Verlag Dr. Bolte KG, München
Printed in Germany / Druckhaus Langenscheidt, Berlin
Umschlag: Prof. Richard Blank
ISBN 3-493-61110-2

3b. *bidden* — *bad* — *gebeden*; ebenso: *liggen* (liegen), *zitten* (sitzen).
4. *dragen* — *droeg* — *gedragen*; ebenso: *graven* (graben), *varen* (fahren).
5. *bezwijken* — *bezweek* — *bezweken*; ebenso: *bijten* (beißen), *blijven* (bleiben), *drijven* (treiben, schwimmen), *glijden* (gleiten), *grijpen* (greifen), *kijken* (gucken), *krijgen* (bekommen, kriegen), *schrijven* (schreiben), *snijden* (schneiden), *stijgen* (steigen).

6a. *bedriegen* — *bedroog* — *bedrogen*; ebenso: *bieden* (bieten), *genieten* (genießen), *gieten* (gießen), *liegen* (lügen), *vliegen* (fliegen), *verliezen* (verlieren).
6b. *buigen* — *boog* — *gebogen*; ebenso: *duiken* (tauchen), *kruipen* (kriechen), *sluiten* (schließen).
7. *blazen* — *blies* — *geblazen*; ebenso: *heffen (geheven)* (heben), *houden (hield)* (halten), *laten* (lassen), *lopen* (laufen, gehen), *roepen* (rufen).

??

...und einiges über die Aussprache

In diesem Sprachführer finden Sie auf jeder Seite jeweils in der dritten Spalte die Aussprache der niederländischen Wörter und Sätze.

Ein Punkt unter einem Vokal gibt dessen Betonung, ein Strich über einem Vokal dessen Länge an.

Vokale und Diphthonge

[a]	dunkles a wie in Vater, aber sehr kurz. Die Zunge ist zurückgezogen.	[ō]	wie o in loben
[ā]	helles a wie in was, aber lang. Die Zunge ist vorgeschoben. Die a-Laute sind also anders als im Deutschen.	[ö]	wie ö in öfter
		[ő]	wie ö in lösen
[e]	wie e in Geld, ä in Ähre	[u]	wie u in pfui
[ē]	langes e wie in leben	[ū]	wie u in Bluse
[ᵉ]	wie e in Bitte	[ŭ]	kurzer Laut zwischen ö und ü
[i]	wie i in Kind	[ũ]	wie ü in Bühne, aber etwas kürzer
[ī]	wie ie in Liebe	[au]	ähnlich dem deutschen au, jedoch mit dunklem a
[ĩ]	wie i in Legion	[äi]	kurzes ä, übergehend in halboffenes i
[o]	wie o in Motte	[öi]	kurzes ö wie in öffnen mit folgendem i
		[uĭ]	wie in pfui, aber etwas kürzer
		[ã, õ, ő]	nasaliertes a, o, ö

Konsonanten

[ch]	wie ch in lachen, jedoch mit weniger Reibung	[r]	Zungenspitzen-r
[Ģ]	wie j in Journal	[s]	wie stimmhaftes s in sausen
[j]	wie j in ja, aber mit weniger Reibung	[ß]	wie stimmloses ss in fassen
		[sch]	wie sch in Schule
[k]	wie deutsches k, jedoch nicht aspiriert	[t]	wie deutsches t, jedoch nicht aspiriert
[l]	meist dunkles l, wie im Englischen	[w]	etwa wie in Löwe, aber mit weniger Reibung
[ng]	wie ng in singen	[v]	labiodentaler Laut zwischen deutschem w und f, meist wie schwaches f gesprochen
[p]	wie deutsches p, jedoch nicht aspiriert		

Alle übrigen Konsonanten werden wie im Deutschen ausgesprochen.

5

Das Wichtigste in Kürze

!!

Guten Morgen.	Goedemorgen.	ehūd•moreh•n
Guten Tag.	Goedemorgen (nachm. Goedemiddag).	ehūd•moreh•n (ehūd•mįdaeh)
Guten Abend.	Goedenavond.	ehūd•ạvont
Gute Nacht.	Goedenacht.	ehūd•naeht
Wann ist (sind) ... geöffnet?	Wanneer is (zijn) ... geopend?	wanẹr iß (säin) ... eh•ọp•nt
Wann wird (werden) ... geschlossen?	Wanneer wordt (worden) ... gesloten?	wanẹr wort (wọrd•n) ... eh•ßlǫt•n
Wie komme ich nach (zum, zur) ...?	Hoe kom ik naar ...?	hū kom ik nār
Wie lange wird es dauern?	Hoe lang duurt het?	hū lang dǖrt•t
Wie weit ist es nach (zum, zur) ...?	Hoe ver is het naar ...?	hū ver iß•t nār
Wo bekomme ich ...?	Waar kan ik ... krijgen?	wār kanik ... krặieh•n
Geben Sie mir bitte ...!	Wilt u mij ... geven?	wįltū mäi ... ehẹv•n
Gibt es hier ...?	Kan ik hier ... krijgen?	kạnik hīr ... krặieh•n
Ich brauche ...	Ik heb ... nodig.	ik hep ... nǫd•eh
Ich möchte ...	Ik zou graag ...	ik sau ehrāeh
Haben Sie ...?	Hebt u ...?	hẹptū
Wieviel bekommen Sie?	Hoeveel krijgt u?	hūvēl krặiehtū
Wieviel kostet das?	Hoeveel kost dat?	hūvēl kọßtat
Wieviel kostet ...?	Hoeveel kost ...?	hūvēl koßt
Das gefällt mir.	Dat bevalt me goed.	dat b•vạlt m• ehūt
Das gefällt mir nicht.	Dat bevalt me niet zo.	dat b•vạlt m• nįt sō
Das ist zu teuer.	Dat is te duur.	dat iß t•dǖr
Haben Sie nichts Billigeres (Besseres)?	Hebt u ook iets goedkopers (beters)?	hẹptū ōk ītß ehūtkǫp•rß (bẹt•rß)
Wann ist es fertig?	Wanneer is het klaar?	wanẹr iß•t klār
Können Sie wechseln?	Kunt u wisselen?	kǔnt ū wįß•l•n
Wie heißt das auf Deutsch (Holländisch)?	Hoe heet dat in het Duits (Nederlands)?	hū hēt dat in•t döitß (nēd•rlantß)
Wieviel Uhr ist es?	Hoe laat is het?	hū lāt iß•t
Ich spreche kein ...	Ik spreek geen ...	ik ßprēk ehēn
Ich verstehe Sie nicht.	Ik versta u niet.	ik v•rßtạ ū nīt
Sprechen Sie bitte etwas langsamer!	Wilt u een beetje langzamer spreken?	wįltū •mbẹtj• lạngsäm•r ßprẹk•n
Wie spricht man dieses Wort aus?	Hoe spreekt men dit woord uit?	hū ßprēkt m•n dit wōrt öit
Schreiben Sie das bitte auf!	Wilt u dat even opschrijven?	wįltū dat ẹv•n ọpßehrāi-v•n
Ja / Nein.	Ja / Nee.	jā / nē
Danke.	Dank u (wel).	dạnkū (wel)
Verzeihung!	Pardon!	pardǫ
Entschuldigen Sie!	Neemt u me niet kwalijk.	nẹmtū m• nīt kwạl•k
Keine Ursache.	Tot uw dienst.	tot ūw dīnßt

Deutsch	Niederländisch	Aussprache
Sonntag / Montag	zondag / maandag	sondach / mãndach
Dienstag / Mittwoch ...	dinsdag / woensdag ...	dinßdach / wunßdach
Donnerstag / Freitag ..	donderdag / vrijdag ...	donderdach / vräidach
Sonnabend (Samstag) .	zaterdag	sãterdach
Feiertag / Ostern	feestdag / Pasen	feßdach / paßen
Pfingsten / Weihnachten	Pinksteren / Kerstmis .	pinkßteren / kerßmiß

!!

Januar / Februar	januari / februari	janûwãri / fēbrûwãri
März / April	maart / april	märt / äpril
Mai / Juni	mei / juni	mäi / jûnī
Juli / August	juli / augustus	jûlī / auchûßtûß
September / Oktober ..	september / oktober ..	ßeptember / oktôber
November / Dezember .	november / december .	november / deßember

heute / gestern	vandaag / gisteren	vandach / chißteren
morgen / übermorgen ..	morgen / overmorgen..	morchen / overmorchen
heute nachmittag (abend)	vanmiddag (vanavond) .	vanmidach / vanãvent
morgen mittag (abend)	morgenmiddag / morgen-	morchenmidach / mor-
	avond	chenavent
vormittags / nachmittags	'smorgens / 'smiddags..	ßmorchenß / ßmidachs
diese (nächste) Woche..	van de week (volgende	vandewēk / volchende
	week)	wēk
in drei Tagen (Wochen)	over drie dagen (weken)	ôver drī dãchen (wēken)
um 11 Uhr / um 17 Uhr	om elf uur / om vijf uur	om elfûr / om väifûr
um Viertel vor (nach) 11	kwart voor (over) elf..	kwart vôr (ôver) elf
um 12 Uhr / 12 Uhr 30	om twaalf uur / twaalf	om twãlfûr / twälf ûr
	uur dertig	dertech

hell / dunkel / farblos ..	licht / donker / kleurloos	licht / donker / klörlôß
blau / braun	blauw / bruin	blau(w) / bröin
gelb / grau	geel / grijs	chēl / chräiß
grün / rosa	groen / rose	chrûn / rôße
rot / schwarz	rood / zwart	rôt / swärt
violett / weiß	violet /wit	violet / wit

0 nul	nûl	19 negentien	nēchentīn
1 een	ēn	20 twintig	twintech
2 twee	twē	21 eenentwintig	ēnentwintech
3 drie	drī	22 tweeëntwintig	twēentwintech
4 vier	vīr	25 vijfentwintig......	väifentwintech
5 vijf	väif	30 dertig	dertech
6 zes	seß	33 drieëndertig	drīendertech
7 zeven	sēven	40 veertig...........	vērtech
8 acht	acht	50 vijftig	väiftech
9 negen........	nēchen	60 zestig	seßtech
10 tien	tīn	70 zeventig	sēventech
11 elf	elf	80 tachtig	tachtech
12 twaalf	twälf	90 negentig	nēchentech
13 dertien......	dertīn	100 honderd	hondert
14 veertien.....	vērtīn	101 honderd een	hondert ēn
15 vijftien......	väiftīn	200 tweehonderd	twēhondert
16 zestien......	seßtīn	1000 duizend........	döisent
17 zeventien....	sēventīn	10000 tienduizend	tīndöisent
18 achttien	achtīn	80000 tachtigduizend .	tachtechdöisent

die Hälfte / ein Drittel	de helft / een derde	de helft / en derde
ein Viertel / ein Zehntel	een kwart / een tiende	en kwart / en tīnde
Sekunden / Minuten ...	sekonden / minuten ...	ßekonden / mīnûten
Stunden / Tage	uren / dagen	ûren / dãchen
Wochen / Monate	weken / maanden	wēken / mãnden
Jahre / Jahrhunderte ..	jaren / eeuwen	jãren / ēwen
Deutsche Mark	Duitse mark	döitße mark

7

Mit Eisenbahn, Schiff, Autobus und Flugzeug

Einmal zweiter Klasse einfach nach ... bitte!	Een enkele tweede ... alstublieft.	ēn ęnkᵉlᵉ twēdᵉ ... alßtū-blįft
Wie lange ist die Karte gültig?	Hoe lang is het kaartje geldig?	hū lang ißᵉt kārtjᵉ ehᵉl-dᵉeh
Welches ist die beste Verbindung nach ...?	Hoe kom ik het vlugst in ...?	hū komik ᵉt vlūehßt in
Gibt es einen schnelleren Zug (Dampfer)?	Is er ook een snellere trein (boot)?	ißᵉr ōk ᵉn ßnęlᵉrᵉ träin (bōt)
Wo muß ich umsteigen?	Waar moet ik overstappen?	wār mūt ik ŏvᵉrßtapᵉn
Wann habe ich Anschluß nach ...?	Wanneer heb ik aansluiting richting ...?	wanēr hebik ānßlöiting rjehting
Hält der Zug in ...?	Stopt de trein in ...?	ßtopt dᵉ träin in
Wann muß ich an Bord (auf dem Flugplatz) sein?	Wanneer moet ik aan boord (op het vliegveld) zijn?	wanēr mūtik ān bört (op ᵉt vljehvelt) säin
Auf welchem Bahnsteig fährt der Zug nach ... ab?	Van welk perron vertrekt de trein naar ...?	van welk perǫn vᵉrtrękt dᵉ träin nār
Wo fährt der Zug nach ... ab?	Waar vertrekt de trein naar ...?	wār vᵉrtrękt dᵉ träin nār
Wo kommt der Zug aus ... an?	Waar komt de trein uit ... aan?	wār komt dᵉ träin öit ... ān
Wann läuft der Zug nach ... ein?	Wanneer loopt de trein voor ... binnen?	wanēr lŏpt dᵉ träin vŏr ... bjnᵉn
Wie lange haben wir (habe ich) Aufenthalt?	Hoe lang hebben wij (heb ik) oponthoud?	hū lang hebᵉnwᵉ (hepik) op onthaut
Wohin fährt dieser Zug?	Waar gaat deze trein naar toe?	wār ehāt dēsᵉ träin nārtū
Woher kommt dieser Dampfer?	Waar komt deze boot vandaan?	wār komt dēsᵉ bōt van-dān
Wann kommen wir in ... an?	Wanneer komen wij in ... aan?	wanēr kǫmᵉnwᵉ in ... ān
Hat der Zug Verspätung?	Heeft de trein vertraging?	hēft dᵉ träin vᵉrtrᾱehing
Hat der Zug einen Speisewagen (einen Schlafwagen, einen Kurswagen nach ...)?	Heeft de trein een restauratiewagen (slaapwagen, doorgaand rijtuig naar ...)?	hēft dᵉ träin ᵉn reßtau-rātßīwᾱehᵉn (ßlᾱpwā-ehᵉn, dŏrehānt räitöieh nār ...)
Ich möchte meinen (meine) Koffer als Reisegepäck aufgeben.	Ik wil mijn koffer (koffers) graag als reisbagage opgeven.	ik wil mᵉn kǫfᵉr (kǫfᵉrß) ehrᾱeh alß räißbᾱehᾱĢᵉ ǫpehēvᵉn
Holen Sie bitte mein Gepäck!	Wilt u even mijn bagage afhalen?	wįltū ēvᵉn mᵉn bᾱehᾱĢᵉ ᾱfhälᵉn
Bringen Sie mein Gepäck zum Zug nach ... (auf Bahnsteig ..., zur Aufbewahrung)!	Wilt u mijn bagage even naar de trein voor ... (naar het ... perron, naar het depot) brengen?	wįltū mᵉn bᾱehᾱĢᵉ ēvᵉn nār dᵉ träin vŏr ... (nārᵉt ... perǫn, nārᵉt dēpǫ) bręngᵉn
Ist dieser Platz besetzt?	Is deze plaats bezet?	iß dēsᵉ plätß bᵉsęt
Verzeihung, dies ist mein Platz.	Pardon, dit is mijn plaats.	pardǫ ditiß mäin plätß
Angenehme Reise!	Goede reis!	ehŭdᵉ räiß

Abfahrt	vertrek	vᵉrtrek
Abteil	coupé	küpē
Ankunft	aankomst	ānkomßt
Anschluß	aansluiting	ānßlöiting
Aufenthalt	oponthoud	ǫponthaut
Autobus	(auto)bus	(ǫtō)bǔß
Bahnhof	station	ßtätßȉǫn
Bahnhofsvorsteher	stationschef	ßtätßȉǫnschef
Bahnsteig	perron	perǫn
Bahnsteigkarte	perronkaartje	perǫnkärtjᵉ
Bettkarte	slaapwagen-reservering	ßlāpwāeh⁺rᵉservēring
Dampfer	(stoom)boot	(ßtǫm)bōt
Doppelbettabteil	'n dubbel	ᵉn dǔbᵉl
Eckplatz	hoekplaats	hǔkplätß
Einbettabteil	enkel	ᵉnkᵉl
Erste Klasse	eerste(klasse)	ērßtᵉ (kląßᵉ)
Fahrkarte	plaatsbewijs	plątßbᵉwäiß
Fahrkartenausgabe	loket plaatsbewijzen	lōkᵉt plątßbᵉwäisᵉn
Fahrplan	dienstregeling	dȉnßtrēeh⁺ling
Fensterplatz	plaats aan 't raam	plätß än(ᵉ)t räm
Fernschnellzug	F-trein	ᵉfträin
Flugplatz	vliegveld	vlȉehvelt
Flugzeug	vliegtuig	vlȉehtöieh
Gepäck	bagage	bāehąℚᵉ
Gepäckabfertigung	bagagekantoor	bāehąℚᵉkantǫr
Gepäckaufbewahrung	bagagedepot	bāehąℚᵉdēpǫ
Gepäckschein	recu	rᵉßǔ
Gepäckträger	kruier	krǫiᵉr
Gepäckversicherung	verzekering van de bagage	vᵉrsękᵉring van dᵉ bā-ehąℚᵉ
Gepäckwagen	bagagewagen	bāehąℚᵉwāeh⁺n
Kabine	hut	hǔt
Kinderfahrkarte	kinderkaartje	kindᵉrkärtjᵉ
Kursbuch	spoorboekje	ßpǫrbūkjᵉ
Motorboot	motorboot	mǫtorbōt
Personenzug	stoptrein	ßtǫpträin
Platzkarte	reserveringsbewijs	rᵉservēringßbᵉwäiß
Reisebüro	reisbureau	rąißbürō
Reisebus	touring-car	tǔringkār
Reisekissen	reiskussen	rąißkǔßᵉn
Rückfahrkarte	retour	rᵉtǔr
Schaffner	conducteur	kondǔktǫr
Schlafwagen	slaapwagen	ßlāpwāeh⁺n
Schnellzug	sneltrein	ßnelträin
Speisewagen	restauratiewagen	reßtaurątßȉwąeh⁺n
Zug	trein	träin
Zuschlag erster Klasse	toeslag eerste klasse	tǔßlaeh ērßtᵉ kląßᵉ

NOODREM	Notbremse	HANDBAGAGE	Handgepäck
NOODUITGANG	Notausgang	DAMES	Damen
BEZET	Besetzt	VERBODEN TE ROKEN	Nichtraucher
INGANG	Eingang		
UITGANG	Ausgang	ROKEN	Raucher
VRIJ	Frei	PLAATSBEWIJZEN	Fahrkarten
HEREN	Herren	WACHTKAMER	Wartesaal

9

Auf fremden Straßen und Wegen

Deutsch	Niederländisch	Aussprache
Welches ist der *kürzeste (beste)* Weg nach …?	Wat is de *kortste (beste)* weg naar …?	wat iß dᵉ kǫrtßtᵉ (bęßtᵉ) weeh nār
Wie viele *Kilometer (Minuten)* sind es *bis (nach)* …?	Hoeveel *kilometer (minuten)* is het *tot (naar)* …?	hūvᵉl kǐlōmētᵉr (mīnц̌tᵉn) ißᵉt tot (nār)
Führt diese Straße *nach (zum, zur)* …?	Gaat deze straat naar …?	ehāt dęsᵉ ßtrāt nār
Wie komme ich *zur Burg (zur Kathedrale, zur … Kirche, zum Marktplatz, zum Rathaus, zum Schloß)*?	Hoe kom ik naar *het kasteel (de kathedraal, de … kerk, het marktplein, het raadhuis, het slot)*?	hū komik nārᵉt kaßtęl (dᵉ katēdrặl, dᵉ … kerk, ᵉt mặrktpläin, ᵉt rặthöiß, ᵉt ßlot)
Wo ist *die Altstadt (das deutsche Konsulat, die Gemäldegalerie, das Museum, der Park)*?	Waar is de *binnenstad (het duitse konsulaat, het schilderijenmuseum, het museum, het park)*?	wār iß dᵉ bịnᵉnßtäd (ᵉt döitßᵉ konßц̌lặt, ᵉt ßehildᵉrặiᵉnmц̌sĕm, ᵉt mц̌sĕm, ᵉt park)
Wo ist *der (die, das)* nächste …?	Waar is *de (het)* dichtstbijzijnde …?	wār iß dᵉ (ᵉt) diehßtbặisäindᵉ
Welche Sehenswürdigkeiten gibt es hier?	Wat zijn er hier voor bezienswaardigheden?	wat säin ᵉr hīr vōr bᵉsịnßwärdiehhēdᵉn
Wann ist die nächste Führung?	Wanneer is de volgende rondleiding?	wanęr iß dᵉ vǫlehᵉndᵉ rǫntläiding
Zeigen Sie mir das bitte auf der Karte!	Wilt u mij dat even op de kaart aanwijzen?	wịltц̌ mäi dat ēvᵉn op dᵉ kārt ặnwäisᵉn
Wie weit ist es zu Fuß *nach (zum, zu)* …?	Hoe ver is het lopen *naar (tot)* …?	hūvᵉr ißᵉt lǫpᵉn nār (tot)
Fährt *ein Autobus (ein Dampfer, eine Straßenbahn)* nach …?	Gaat er *een (auto)bus (een boot, een tram)* naar …?	ehātᵉr ᵉn (ặuto)bц̌ß (ᵉn bōt, ᵉn trem) nār
Bitte einen Fahrschein nach …!	Een enkele … a. u. b.	ēn ᵉnk(ᵉ)lᵉ … alßtц̌blịft
Wann fährt die nächste Straßenbahn nach …?	Wanneer gaat de eerstvolgende tram naar …?	wanęr ehāt dᵉ ērßtvolehᵉndᵉ trem nār
Wieviel kostet die Fahrt nach …?	Hoeveel kost de rit naar …?	hūvᵉl koßt dᵉ rit nār
Sagen Sie mir bitte, wann ich *aussteigen (umsteigen)* muß!	Wilt u mij even waarschuwen wanneer ik moet *uitstappen (overstappen)*?	wịltц̌ mäi ēvᵉn wặrßehц̌wᵉn wanęr ik mц̌t öitßtapᵉn (ǫvᵉrßtapᵉn)
Wie heißt *dieser (diese, dieses)* …?	Hoe heet *deze (dit)* …?	hū hēt dęsᵉ (dit)
Bitte tanken Sie voll!	Vol, alstublieft!	vol alßtц̌blịft
Ich möchte 18 Liter.	Ik had graag achttien liter.	ik hat ehrāeh ặehtīn lịtᵉr
Darf man hier fotografieren?	Mag je hier fotograferen?	maehjᵉ hīr fōtōehrặfęrᵉn
Darf man hier zelten?	Mag je hier kamperen?	maehjᵉ hīr kampęrᵉn
*Sie sind auf dem *richtigen (falschen)* Weg.	U bent *goed (verkeerd)*.	ц̌ bent ehц̌t (vᵉrkęrt)
*Sie müssen geradeaus *fahren (gehen)*.	U moet rechtuit *rijden (lopen)*.	ц̌ mц̌t reehtöit rặidᵉn (lǫpᵉn)
*Sie müssen nach *links (rechts) fahren (gehen)*.	U moet *links (rechts)* afslaan.	ц̌ mц̌t linkß (reehtß) ặfßlān
*Hier dürfen Sie nicht *fahren (gehen)*.	Hier mag u niet *rijden (lopen)*.	hīr maehц̌ nīt rặidᵉn (lǫpᵉn)

Auto	auto	ōtō
Autobahn	autoweg ./.	ōtōweeh
Autobus	(auto)bus	(ōtō)büß
Autopapiere	autopapieren	ōtōpāp̦jr•n
Benzin	benzine	bensjn•
Brücke	brug	brüeh
Dieselöl	dieselolie	djs•lōlĬ
Dorf	dorp	dorp
Fahrrad	fiets	fĬtß
Führerschein	rijbewijs	r̦aib•wäiß
Fußweg	voetpad	vŭtpat
Gebäude	gebouw	eh•b̦auw
Haltestelle	halte	h̦alt•
Hausnummer	huisnummer	höißnŭm•r
Kreuzung	kruising	krȫißing
Moped	bromfiets	br̦omfĬtß
Motorenöl	motorolie	m̦otorȫlĬ
Motorrad	motorfiets	m̦otorfĬtß
Motorroller	scooter	ßk̦ŭt•r
Ort	plaats	plätß
Parkplatz	parkeerplaats	park̦ẹrplätß
Reisebüro	reisbureau	r̦äißbŭrō
Seitenstraße	zijstraat	șäißträt
Stadt	stad	ßtat
Stadtplan	plattegrond van de stad	plat•eh̦r̦ont van d• ßtat
Stadtrundfahrt	rondrit door de stad ..	r̦ontrit dȫr d• ßtat
Straße	straat	ßträt
Straßenkarte	wegenkaart	w̦ẹeh•nkärt
Superbenzin	super	ßŭp•r
Tankstelle	pompstation	p̦ompßtätßĬon
Taxi	taxi	țakßi
Umgebung	omgeving	omeh̦ẹving
Umweg	omweg	̦omweeh
Vorfahrt	voorrang	v̦ọrang
Vorort	voorstad	v̦ọrßtat

PARKEERPLAATS	Parkplatz	GEOPEND	Geöffnet
GESLOTEN	Geschlossen	VERBODEN	Verboten
LEVENSGEVAAR	Lebensgefahr	RECHTUIT	Geradeaus
WEGOMLEGGING	Umleitung	LINKSAF	Nach links
INRIT	Einfahrt	RECHTSAF	Nach rechts
UITRIT	Ausfahrt	INGANG	Eingang
SLECHT WEGGE-DEELTE	Schlechte Wegstrecke	UITGANG	Ausgang
LET OP	Vorsicht	EENRICHTINGS-VERKEER	Einbahnstraße
AFGESLOTEN RIJWEG	Gesperrt	POMPSTATION	Tankstelle
DRINKWATER	Trinkwasser	REPARATIE-INRICHTING	Reparaturwerkstatt
LANGZAAM RIJDEN	Langsam fahren	MAXIMALE SNELHEID	Höchstgeschwindigkeit
INHALEN VERBODEN	Nicht überholen		
VERBODEN TE PARKEREN	Parkverbot	STOP	Halt
		HALTE	Haltestelle

Wir haben eine Panne

Ich habe eine Reifenpanne.	Ik heb bandepech.	ik hep band•peeh
Ich habe einen Unfall gehabt.	Ik heb een ongeluk gehad.	ik hep •n onch•lŭk ch•hąt
Ich bin gestürzt.	Ik ben gevallen.	ik ben ch•vąl•n
Mein *Wagen (Motorrad, Fahrrad)* steht ...	Mijn *wagen (motorfiets, fiets)* staat ...	m•n wąch•n (mǫtorfītß, fītß) ßtāt
Würden Sie mich ein Stück mitnehmen?	Zoudt u me een eindje mee willen nemen?	sąutŭ m• •n ąintj• mē wil•n nęm•n
Bitte helfen Sie mir!	Wilt u me even helpen?	wįltŭ m• ēv•n hęlp•n
Verständigen Sie ...!	Wilt u even ... waarschuwen?	wįltŭ ēv•n ... wąrßchŭw•n
Können Sie meinen Wagen abschleppen?	Kunt u mijn wagen wegslepen?	kŭntŭ m•n wąch•n węchßlēp•n
Der Motor *setzt aus (springt nicht an).*	De motor *slaat af (start niet).*	d• mǫtor ßlāt af (ßtart nīt)
... ist defekt.	... is defect.	iß d•fękt
... muß erneuert werden.	... moet vernieuwd worden.	mŭt v•rnīwt wǫrd•n
Ich weiß nicht, woran es liegt.	Ik weet niet waar 't aan ligt.	ik wēt nīt wąrtān lįeht
Bitte	Wilt u	wįltŭ
– Batterie aufladen.	– de accu opladen?	d• ąkŭ ǫplād•n
– Bremsen nachstellen.	– de remmen bijstellen?	d• ręm•n bäißtel•n
– Bremsen prüfen.	– de remmen controleren?	d• ręm•n kontrōlęr•n
– den Freilauf ölen.	– het vrijwiel smeren?	•t vrąiwīl ßmęr•n
– die Kette *flicken (ölen).*	– de ketting *repareren (smeren)?*	d• kęting r•päręr•n (ßmęr•n)
– Kühlwasser nachfüllen.	– het water bijvullen?	•t wąt•r bąivŭl•n
– Kupplung nachsehen.	– de koppeling nazien?	d• kǫp•ling nąsīn
– Lenkung nachsehen.	– de stuurinrichting nazien?	d• ßtΰrinriehting nąsīn
– den Ölstand prüfen.	– de olie controleren?	d• ōlī kontrōlęr•n
– Ölwechsel machen.	– de olie verversen?	d• ǫlī v•rvęrß•n
– dieses Rad auswechseln.	– een nieuw wiel inzetten?	•n nīw wīl įnset•n
– die Reifen aufpumpen.	– de banden oppompen?	d• bąnd•n ǫpomp•n
– den Reifen flicken.	– deze band plakken?	dęs• bant pląk•n
– Reifendruck prüfen.	– de bandspanning controleren?	d• bąndßpaning kontrōlęr•n
– die Scheiben putzen.	– de ruiten schoonmaken?	d• röit•n ßehǫnmāk•n
– die Sicherungen auswechseln.	– nieuwe zekeringen inzetten?	nįw• sęk•ring•n įnset•n
– die Ventile nachstellen!	– de kleppen bijstellen?	d• klęp•n bäißtel•n
– den Vergaser einstellen	– de carburator instellen?	d• karbΰrątor įnßtel•n
– den Wagen abschmieren.	– de wagen doorsmeren?	d• wąch•n dǫrßmēr•n
– den Wagen waschen.	– de wagen wassen?	d• wąch•n wąß•n
– Zündkerzen erneuern.	– nieuwe bougies inzetten?	nīw• bŭQįß įnset•n
– Zündkerzen reinigen.	– de bougies schoonmaken?	d• bŭQįß ßehǫnmāk•n
– Zündung nachstellen.	– de ontsteking bijstellen?	d• ontßtęking bäißtel•n

Achse	as	aß
Anlasser	starter	ßtart⁰r
Auspuff	uitlaat	öitlät
Batterie	accu	ąkü
Benzintank	benzinetank	bensjn⁰tank
Benzinzufuhr	benzineleiding	bensjn⁰lạiding
Blinker	knipperlicht	knjp⁰rlieht
Bremsbelag	remvoering	rẹmvūring
Bremse	rem	rem
Bremsflüssigkeit	remvloeistof	rẹmvlüjßtof
Dichtung	pakking	pạking
Düse	sproeier	ßprụj⁰r
Ersatzrad	reservewiel	r⁰ßẹrv⁰wīl
Ersatzteil	reservedeel	r⁰ßẹrv⁰dēl
Federung	vering	vẹring
Fehlzündung	't overslaan	⁰t ōv⁰rßlän
Gangschaltung	versnelling	v⁰rßnẹling
Gaspedal	gaspedaal	ehạßp⁰dāl
Getriebe	aandrijving	ạndräiving
Gewinde	schroefdraad	ßehrụfdrät
Hupe	claxon	klạkßon
Isolierung	isolatie	Ißōlạtßī
Kabel	kabel	kạb⁰l
Kanister	benzineblik	bensjn⁰blik
Kolbenring	zuigerveer	söieh⁰rvēr
Kugellager	kogellager	kōeh⁰lạeh⁰r
Kühler	radiateur	rādiätọ̈r
Kupplung	koppeling	kọp⁰ling
Kupplungsbelag	koppelingvoering	kọp⁰lingvūring
Kurbelwelle	krukas	krụkąß
Lampen	lampen	lạmp⁰n
Lenkung	stuurinrichting	ßtụrinriehting
Lichtmaschine	dynamo	dīnạmo
Luftpumpe	pomp	pomp
Motor	motor	mọtor
Öl	olie	ọlī
Pedal	pedaal	p⁰dạl
Reifen	band	bant
Reparatur	reparatie	r⁰pärạtßī
Reservetank	reservetank	r⁰ßẹrv⁰tank
Rücktrittbremse	terugtraprem	trụehtraprem
Rückwärtsgang	achteruit	aeht⁰röit
Scheibenwischer	ruitewisser	röit⁰wiß⁰r
Scheinwerfer	koplamp	kọplamp
Schlauch	binnenband	bjn⁰nbant
Schraube	schroef	ßehrūf
Schraubenmutter	moer	mūr
Schraubenschlüssel	moersleutel	mụrßlōt⁰l
Speiche	spaak	ßpāk
Steuerrad	stuur	ßtụr
Stoßdämpfer	schokbreker	ßehọkbrēk⁰r
Tachometer	snelheidsmeter	ßnẹlhäitßmēt⁰r
Ventil	klep	klep
Vergaser	carburateur	karbụrätọ̈r
Wagenheber	krik	krik
Werkstatt	werkplaats	wẹrkplätß
Werkzeug	gereedschap	eh⁰rẹtßehap
Zylinder	cylinder	ßīljnd⁰r
Zylinderkopfdichtung	cylinderkoppakking	ßīljnd⁰rkopạking

Wir suchen ein Zimmer

Kennen Sie ein *gutes (billiges)* Hotel?	Weet u ook een *goed (goedkoop)* hotel?	wĕtŭ ŏk °n ehŭt (ehŭt-kŏp) hŏtęl
Haben Sie ein *freies (nicht zu teures)* Zimmer?	Hebt u een kamer *vrij (die niet te duur is)*?	hęptŭ °n kąm°r vräi (dĭ nĭt t° dŭr iß)
*Wir haben nur noch ein Zimmer zu ...	Wij hebben alleen nog maar een kamer voor ...	w° hęb°n alęn noeh mär °n kąm°r vŏr
*Wir haben nichts frei.	Wij hebben helaas geen kamer vrij.	w° hęb°n hēląß ehen kąm°r vräi
*Vielleicht wird morgen etwas frei.	Misschien komt er morgen een vrij.	mißehįn komt°r mọr-eh°n ēn vräi
Hat es Zweck, daß ich später wiederkomme?	Heeft het zin dat ik later terugkom?	hēft°t sin datik ląt°r trüehkom
Wieviel kostet ein Zimmer *mit Vollpension (mit Frühstück)*?	Hoeveel kost een kamer *met volledig pension (met ontbijt)*?	hŭvęl koßt °n kąm°r met volędieh pāßįọn (met ontbąit)
Mit Frühstück?	Met ontbijt?	met ontbąit
Ohne Frühstück?	Zonder ontbijt?	sọnd°r ontbąit
Mit (Ohne) Bedienung?	*Inclusief (exclusief)*?	inklŭsįf (ekßklŭsįf)
Haben Sie ein Zimmer mit *Bad (Balkon)*?	Hebt u een kamer met *bad (balkon)*?	hęptŭ ēn kąm°r met bat (balkọn)
Hat es *fließendes (warmes)* Wasser?	Is er *stromend (warm)* water?	iß°r ßtrọm°nt (warm) wąt°r
Kann ich das Zimmer ansehen?	Mag ik de kamer even zien?	maehik d° kąm°r ęv°n sĭn
Ich möchte ein *anderes (billigeres)* Zimmer sehen.	Ik zou graag een *andere (goedkopere)* kamer willen zien.	ik sau ehräeh °n ąnd°r° (ehŭtkŏp°r°) kąm°r wį-l°n sĭn
Ich bleibe *eine Nacht (... Tage, ... Wochen)*.	Ik blijf *een nacht (... dagen, ... weken)*.	ik bläif ēn naeht (... dąeh°n, ... węk°n)
Haben Sie *einen Parkplatz (eine Garage)*?	Hebt u hier een *parkeerplaats (garage)*?	hęptŭ hĭr °n parkęrplätß (ehārąG°)
Mein Gepäck ist *am Bahnhof (im Auto)*.	Mijn bagage is *op 't station (in de auto)*.	m°n bäehąG° iß opt ßtätßįọn (in d° ọtō)
Kann ich auf dem Zimmer frühstücken?	Kan ik op mijn kamer ontbijt krijgen?	kąnik op m°n kąm°r ontbąit kräieh°n
Wann gibt es Frühstück?	Hoe laat is 't ontbijt?	hŭląt iß°t ontbąit
Wie ist hier die Stromspannung?	Hoe hoog is de voltage hier?	hŭ hŏeh iß d° voltąG° hĭr
Ist Post für mich da?	Is er ook post voor mij?	iß°r ŏk poßt vŏr mäi
Ich bin in *einer Stunde (zwei Stunden)* zurück.	Ik ben over *een uur (twee uur)* terug.	ik ben ŏv°r °n ŭr (twē ŭr) trüeh
Ich reise *heute abend (morgen früh)* ab.	Ik vertrek *vanavond (morgen vroeg)*.	ik v°rtręk vanąvont (mọreh°n vrŭeh)
Ich möchte um ... Uhr geweckt werden.	Ik zou graag om ... uur gewekt willen worden.	ik sau ehräeh om ... ŭr eh°wękt wįl°n wọrd°n
Schicken Sie meine Post bitte nach.	Zoudt u zo goed willen zijn de post voor mij door te sturen?	sąutŭ so ehŭt wįl°n säin d° poßt vŏr mäi dọrt°-ßtŭr°n

Anmeldung	receptie	rᵉßepßi
Anzahlung	gedeeltelijke vooruit-betaling	eh·dẹlt·l·k· võrọitb·-tạling
Bad	bad	bat
Balkon ..../....	balkon	balkọn
Bedienung	bediening	b·dịning
Beschwerde..........	klacht	klaeht
Briefmarken	postzegels	pọßtsẽeh·lß
Briefpapier	postpapier	pọßtpạpịr
Briefumschläge	enveloppen..........	äv·lọp·n
Direktor	hotelhouder	hõtẹlhaud·r
Doppelbett	tweepersoonsbed	twẹperßọnßbet
Doppelzimmer	dubbele kamer	dụ̈b·l· kạm·r
Einzelbett	eenpersoonsbed	ẹnperßõnßbet
Einzelzimmer	enkele kamer	ẹnk·l· kạm·r
Fahrstuhl	lift	lift
Frühstückszimmer	ontbijtzaal	ontbạitsäl
Garage	garage	ehärạG·
Gasthof	logement	lõG·mẹnt
Gepäck	bagage	bãehạG·
Gepäckträger	kruier	krọi·r
Handtuch	handdoek	hạndũk
Hausdiener	huisknecht	hõißkneeht
Hausschlüssel	huissleutel	hõißlõt·l
Heizung	verwarming	v·rwạrming
Hotel...............	hotel	hõtẹl
Hotelnachweis	bureau voor vreemde-lingenverkeer	bũrọ võr vrẹmd·ling·n-v·rkẹr
Jugendherberge	jeugdherberg	jọehtherbereh
Kellner	kellner	kẹln·r
Kleiderbügel	kleerhanger	klẹrhang·r
Kleiderbürste	kleerborstel	klẹrborßt·l
Kopfkissen	hoofdkussen	hõftkụ̈ß·n
Parkplatz	parkeerplaats	parkẹrplätß
Pension.............	pension	pạßïọn
Portier	portier	portịr
Rechnung	rekening	rẹk·ning
Schlafsack	slaapzak	ßlạ̈psak
Schlüssel	sleutel	ßlọt·l
Stück Seife..........	stuk zeep	ßtụk sẽp
Speisesaal	eetzaal	ẹtsäl
Stockwerk	etage	ẽtạG·
Toilette.............	toilet	twalẹt
Trinkgeld	fooi	fõj
Waschbecken	wastafel	wạßtäf·l
Zimmer.............	kamer	kạm·r
Zimmermädchen	kamermeisje..........	kạm·rmäisch·

DAMES	Damen	KAMERS VRIJ	Zimmer frei
HEREN	Herren	KOUD	Kalt
HOTEL IS VOL	Hotel besetzt	TOILET	Toilette

Restaurant, Café und Selbstverpflegung

Können Sie mir ein *gutes (billiges)* Restaurant empfehlen?	Kunt u een *goed (goedkoop)* restaurant aanbevelen?	kŭntŭ ᵉn ehŭt (ehŭtkǫp) reßtōrǡ ǡnbᵉvēlᵉn
Wo kann man gut (und nicht zu teuer) essen?	Waar kun je goed (en niet te duur) eten?	wär kŭnjᵉ ehŭt (en nīt tᵉ dŭr) ētᵉn
Ich brauche einen Tisch für ... Personen.	Ik heb een tafel nodig voor ... personen.	ik hep ᵉn tǡfᵉl nǫdᵉeh vōr ... perßǭnᵉn
Ist dieser *Platz (Tisch)* besetzt?	Is deze *plaats (tafel)* bezet?	iß dēsᵉ plätß (tǡfᵉl) bᵉsęt
Herr Ober (Fräulein), die Speisekarte bitte!	*Ober (juffrouw)*, mag ik de spijskaart?	ǭbᵉr (jŭfrauw) maehik dᵉ ßpǟißkärt
Können Sie mir eine Spezialität Ihres Hauses empfehlen?	Hebt u ook een specialité de la maison?	hęptŭ ōk ᵉn ßpeßĭalitę dᵉ la meßǫ
Bringen Sie mir bitte ...! Ich möchte das Menu zu ...	Wilt u mij ... brengen? Ik zou graag het menu van ... willen hebben.	wịltŭ mäi ... bręngᵉn ik sau ehräeh ᵉt mᵉnŭ van ... wịlᵉn hębᵉn
Ich möchte à la carte essen.	À la carte, alstublieft!	ā lā kart alßtŭblịft
Ich möchte nur eine Kleinigkeit essen.	Ik wil zomaar een hapje eten.	ik wil sǫmār ᵉn hapjᵉ ētᵉn
Ich möchte eine *große (kleine)* Portion.	Ik wil graag een *grote (kleine)* portie.	ik wil ehräeh ᵉn ehrǫtᵉ (klǟinᵉ) pǫrßī
Ich muß Diät essen.	Ik moet dieet houden.	ik mŭt dīęt hạudᵉn
Ich bin magenleidend.	Ik heb een maagkwaal.	ik hep ᵉn mǟehkwāl
Ich esse kein Fleisch.	Ik eet geen vlees.	ik ēt ehēn vlēß
Das ist mir zu schwer.	Dat is te zwaar voor mij.	dat iß tᵉ swǡr vōr mäi
Ich möchte etwas, was sehr schnell geht.	Ik had graag iets wat gauw klaar is.	ik hat ehräeh ītß wat ehauw klär iß
Wird es lange dauern?	Duurt het lang?	dŭrtᵉt lang
Welchen Wein können Sie mir hierzu empfehlen?	Welke wijn kunt u bij dit menu aanbevelen?	węlkᵉ wäin kŭntŭ bäi dit mᵉnŭ ǡnbᵉvēlᵉn
Haben Sie offenen Wein?	Hebt u wijn per glas?	hęptŭ wäin per ehlaß
Ich möchte ein *großes (kleines)* Glas.	Ik had graag een *groot (klein)* glas.	ik hat ehräeh ᵉn ehrōt (kläin) ehlaß
Gut (Schwach, Mittel) gebraten.	Goed doorgebraden *(licht, middelmatig gebraden).*	ehŭt dǫrehᵉbrǡdᵉn (lieht, midᵉlmǟtᵉeh ehᵉbrǡdᵉn)
Nehmen Sie das bitte zurück!	Wilt u dat weer meenemen?	wịltŭ dat wēr męnēmᵉn
Das habe ich nicht bestellt.	Dat heb ik niet besteld.	dat hępik nīt bᵉßtęlt
Ich möchte mich beschweren.	Ik zou willen reclameren.	ik sau wịlᵉn rᵉklāmęrᵉn
Die Rechnung bitte!	Mag ik de rekening?	maeh ik dᵉ rękᵉning
Ist die Bedienung einbegriffen?	Is de bediening inbegrepen?	iß dᵉ bᵉdịning ịnbᵉehrēpᵉn
Sie müssen sich geirrt haben.	Ik geloof dat u zich vergist hebt.	ik ehᵉlǫf dat ŭ sieh vᵉrehịßt hept
Das ist für Sie.	Alstublieft!	alßtŭblịft

Abendessen	avondeten	āvontȩt°n
Aschbecher	asbakje	aßbakj°
Besteck	couvert	kūvȩr
Brot (eine Scheibe)	boterham	bȍt°rham
Brötchen	broodje	brȍtj°
Butter	boter	bȍt°r
Café	café	kafȩ̄
Eier	eieren	äi°r°n
Essig	azijn	asäin
Fett	vet	vet
Flasche	fles	fleß
Frühstück	ontbijt	ontbäit
Gabel	vork	vork
Gaststätte	café restaurant	kafȩ̄ reßtōrȃ
Gebäck	gebak	ch°bȧk
Gedeck	couvert	kūvȩr
Gelee	gelei	G°läi
Glas	glas	chlaß
Honig	honing	hȍning
Kaffee	koffie	kȍfī
Kännchen	kannetje	kȧn°tj°
Karaffe	karaf	kȧrȧf
Kekse	koekjes	kŭkj°ß
Kellner	kellner	kȩln°r
Konditorei	banketbakkerij	bankȩtbak°räi
Konfekt	lekkers	lȩk°rß
Löffel	lepel	lȩ̄p°l
Marmelade	jam	Gem
Messer	mes	meß
Milchbar	milkbar	mįlkbār
Mittagessen	lunch	lansch
Öl	olie	ȍlī
Pfeffer	peper	pȩ̄p°r
Portion	portie	pȍrßi
Restaurant	restaurant	reßtōrȁ
Sahne	room	rōm
Salz	zout	saut
Schinken	ham	ham
Schlagsahne	slagroom	ßlȧchrōm
Schwarzbrot	roggebrood	rȍch°brōt
Senf	mosterd	mȍßt°rt
Serviette	servet	ßervȩt
Tagesgericht	menu van de dag	m°nȕ van d° dach
eine Tasse Tee	een kopje tee	°n kȍpj° tȩ̄
Teller	bord	bort
Toast	toast	tōßt
Torte	taart	tārt
vegetarisch	vegetarisch	vȩch°tȧrīß
ein Viertel	een kwart	°n kwart
Weinkarte	wijnkaart	wäinkȧrt
Weißbrot	wittebrood	wįt°brōt
Wurst	worst	worßt
Zucker	suiker	ßȍik°r

BANKETBAKKERIJ	ZELFBEDIENING Selbst-
Konditorei	bedienung
LEVENSMIDDELEN	
Lebensmittel	CAFÉ Café

Speisen und Getränke (I):

Vorspeisen und Hauptgerichte

Vorspeisen	voorgerechten	vǫreh°reeht°n
Verschiedene Vorspeisen	hors d'œuvre varié....	ordǫ̈wr° vārȉę̈
Kaltes Fleisch	koud vlees..........	kaut vlēß
Austern..............	oesters	ǫ̈ßt°rß
Kaviar	kaviaar	kāvȉjǫ̈r
Krebsschwanzsalat.....	kreeftesla	krȩ̈ft°ßlā
Russische Eier	Russische eieren	rǚßiß° ạ̈i°r°n
Blätterteigpastete	pasteitje	paßtạ̈itj°
Weinbergschnecken	eetbare slakken	ȩ̈tbār° ßlạk°n
Sardinen	sardientjes	ßardȷntj°ß
Sardellen	ansjovis	anßjǫ̈viß
Gänseleberpastete	ganzeleverpasteitje	ehạns°lȩ̈v°rpaßtạ̈itj°
Geflügelsalat	kippesla	kȷp°ßlā

Suppen	soepen	ßǫ̈p°n
Erbsensuppe (mit Eisbein)................	erwtensoep (met kluif)	ȩrt°ßǔp (met klöif)
Hühnerbrühe	kippebouillon	kȷp°buljǫn
Kraftbrühe	bouillon	buljǫn
Nudelsuppe	vermicellisoep	verm°ßȩ̣lȉßǔp
Gemüsesuppe	groentesoep	ehrǫ̈nt°ßǔp
Linsensuppe	linzensoep	lȷns°ßǔp
Pilzsuppe	champignonsoep	schämpinjǫ̈ßǔp
Schildkrötensuppe	schildpadsoep	ßehȷltpatßǔp
Blumenkohlsuppe	bloemkoolsoep	blǚmkōlßǔp
Tomatensuppe	tomatensoep	tōmạt°ßǔp
Bohnensuppe	bonensoep	bǫ̈n°ßǔp
Reissuppe	rijstsoep	rạ̈ißtßǔp
Spargelsuppe	aspergesoep	aßpęrĢ°ßǔp
Fischsuppe	vissoep	vȷßǔp
Grießsuppe	griesmeelpap	ehrȷ̈ßmēlpap
Kartoffelsuppe	aardappelsoep	ạ̈rdap°lßǔp
Krebssuppe...........	kreeftesoep...........	krȩ̈ft°ßǔp
Zwiebelsuppe	uiensoep..............	öij°ßǔp
Ochsenschwanzsuppe...	ossestaartsoep	ǫß°ßtärtßǔp

Fische	vis	viß
Aal	paling	pạling
Forelle	forel	fōrȩl
Hecht	snoek	ßnǔk
Karpfen..............	karper	kạrp°r
Makrele	makreel	makrȩ̈l
Schellfisch	schelvis..............	ßehȩlviß
Schleie	zeelt	sȩ̈lt
Scholle	schol	ßehol
Seezunge.............	tong	tong
Steinbutt	tarbot	tạrbot
Zander	snoekbaars	ßnǚkbārß
Stockfisch	stokvis	ßtǫkviß
Lachs	zalm	salm
Hering	haring...............	hạring
Thunfisch	tonijn	tōnạ̈in

Schalentiere	schelp- en schaaldieren	ßehȩlp °n ßehạ̈ldȋr°n
Miesmuscheln	mosselen.............	mǫß°l°n
Languste	langoeste	langehǔßt°
Hummer..............	(zee)kreeft	(sȩ̈)krȩ̈ft
Garnelen	garnalen	eharnạl°n

18

Fleisch	vlees	vlēß
Hammel	schapevlees	ßᶜhāpᵃvlēß
Kalb	kalfsvlees	kalfßvlēß
Lamm	lamsvlees	lamßvlēß
Ochse	ossevlees	oßᵃvlēß
Rind	rundvlees	rŭntvlēß
Schwein	varkensvlees	varkᵃnßvlēß

Braten	gebraad	ᶜhᵃbrāt
Filet	filet	fīlē
Frikassee	fricassee	frīkaßē
Haschee	hachee	haschē
Kalbshirn	kalfshersenen	kalfßherßᵃnᵃn
Leber	lever	lēvᵃr
Lunge	long	long
Gulasch	gulasch	gūlasch
Nieren	niertjes	nīrtjᵃß
Ragout	ragoût	rāᶜhū
Steak	steak	ßtēk
Schnitzel	schnitzel	schnitßᵃl
Kotelett	karbonade	karbōnādᵃ
Zunge	tong	tong
Roulade	rollade	rolādᵃ
Kalbfleischrouladen	blinde vinken	blindᵃ vinkᵃn
Rumpsteak	rugbiefstuk	rŭᶜhbifßtŭk
Beefsteak	biefstuk	bifßtŭk
Roastbeef	rosbief	roßbīf
Wiener Schnitzel	Wiener Schnitzel	wīnᵃr schnitßᵃl
Sülze	hoofdkaas	hōfkāß
Bratwurst	braadworst	brātworßt
Würstchen	worstje	worßjᵃ
Deutsches Beefsteak	Duitse biefstuk	döitßᵃ bifßtŭk
Frikadellen	frikadellen	frīkādᵃlᵃn
Hackfleisch	gehakt	ᶜhᵃhakt

Wild und Geflügel	wild en gevogelte	wilt ᵃn ᶜhᵃvōᶜhᵃltᵃ
Ente	eend	ēnt
Gans	gans	ᶜhanß
Hähnchen	haantje	hāntjᵃ
Huhn	kip	kip
Taube	duif	döif
Truthahn (Pute)	kalkoen	kalkūn
Hase	haas	hāß
Reh	reebout	rēbaut
Kaninchen	konijn	kōnᾳin
Fasan	fazant	fāsᾳnt
Rebhuhn	patrijs	pātrᾳiß
Kapaun	kapoen	kāpūn
Poularde	poularde	pūlardᵃ

Brust	borst	borßt
Rücken	rug	rŭᶜh
Keule	bout	baut

Eierspeisen	eiergerechten	ᾳiᵃrᶜhᵃręᶜhtᵃn
Omelette	omelet	omᵃlęt
Pfannkuchen	(eier)pannekoek	(ᾳiᵃr)pᾳnᵃkŭk
Rühreier	roereieren	rūräiᵃrᵃn
Gekochte Eier	gekookte eieren	ᶜhᵃkōktᵃ ᾳiᵃrᵃn
Spiegeleier	spiegeleieren	ßpīᶜhᵃläiᵃrᵃn

Beilagen, Nachtisch und Getränke

Kartoffeln	*aardappelen*	ārdapᵉlᵉn
Salzkartoffeln	gekookte aardappelen .	ehᵉkǭktᵉ ārdapᵉlᵉn
Kartoffelbrei..........	aardappelpuree	ārdapᵉlpūrē̦
Bratkartoffeln	gebakken aardappelen .	ehᵉbak̦ᵉn ārdapᵉlᵉn
Röstkartoffeln	gerooste aardappelen ..	ehᵉrō̦ßtᵉ ārdapᵉlᵉn
Pommes frites	pommes frites	pomfrι̦t
Kartoffelchips........	chips	tschipß
Petersilienkartoffeln ...	aardappelen met peter-	
	selie	ārdapᵉlᵉn met pētᵉrßēlῑ
Nährmittel	*levensmiddelen*	lēvᵉnßmidᵉlᵉn
Fadennudeln	vermicelli	vermᵉßᵉlῑ
Grieß................	griesmeel	ehrι̦ßmēl
Maismehl	maïsmeel	mạißmēl
Makkaroni	macaroni	makārǭnῑ
Ravioli	ravioli	rāvῑǭlῑ
Reis	rijst	räißt
Spaghetti	spaghetti	ßpagᵉtῑ
Gemüse	*groenten*	ehrụntᵉ(n)
Artischocken	artisjokken	artῑschọkᵉn
Blumenkohl	bloemkool	blụmkōl
Champignons	champignons	schämpinjǭß
Chicorée	witlof	wι̦tlof
Eierfrüchte	aubergines	ōberQ̦ιn
Erbsen...............	erwten...............	ᵉrtᵉn
Grünkohl (mit geräu-	boerenkool (met rook-	bụrᵉköl (met rǭkworßt)
cherter Wurst)	worst)...............	
Gurken	komkommers	komkọmᵉrß
Karotten (Möhren)....	worteltjes	wọrtᵉltjᵉß
Kohlrabi	koolrabi	kǭlrābῑ
Kürbis	pompoen	pompụn
Morcheln	morilles	mōrι̦ljᵉß
Paprikaschoten	paprika	pāprῑka
Pfifferlinge	cantharellen	kantärᵉlᵉn
Pilze	paddestoelen	pạdᵉßtūlᵉn
Porree	prei	präi
Prinzeßbohnen	sperziebonen	ßpᵉrsῑbonᵉn
Rosenkohl............	spruitjes	ßprö̦itjᵉß
Rotkohl..............	rode kool	rọdᵉ kōl
Sauerkraut	zuurkool.............	sụrkōl
Spargel	asperges	aßpᵉrQ̦ᵉß
Spinat	spinazie	ßpῑnạsῑ
Tomaten	tomaten	tōmą̄tᵉn
Weiße Bohnen	witte bonen	wι̦tᵉ bǫnᵉn
Weißkohl	witte kool	wι̦tᵉ kōl
Wirsingkohl	savooiekool	ßāvǭjᵉkōl
Zwiebeln	uien	öijᵉn
Salate	*slaatjes*	ßlą̄tjᵉß
Kopfsalat	kropsla	krọpßlā
Gurkensalat	komkommersla	komkọmᵉrßlā
Tomatensalat	tomatensla	tōmą̄tᵉßlā
Selleriesalat	sla van knolselderij ...	ßlā van knọlßelᵉrä̦i
Endiviensalat	andijviesla	andą̄ivῑßlā
Bohnensalat	bonensla	bǫnᵉnßlā
Kartoffelsalat.........	aardappelsla	ārdapᵉlßlā
Eiersalat.............	eiersla	ą̄iᵉrßlā
Italienischer Salat	Italiaanse sla	ῑtālι̣änßᵉ ßlā

Nachspeisen	desserten	deßę̄rtᵉn
Creme	crème	krēm
Eis	ijs	äiß
Pudding	pudding	pǖding
Apfelmus	appelmoes	ap°lmūß
Kompott	compote	kompot
Obstsalat	vruchtensla	vrǖeht°nßlā
Schlagsahne	slagroom	ßlaehrōm
Käse	kaas	kāß
Omelette confiture	omelet met jam	om°lęt met Ǥem
Omelette soufflée	schuimomelet	ßehöimom°lęt
Obst	*fruit*	fröit
Ananas	ananas	anānąß
Äpfel	appels	ap°lß
Apfelsinen	sinaasappels	ßjnāßap°lß
Aprikosen	abrikozen	ābrĭkǫs°n
Bananen	bananen	bānąn°n
Birnen	peren	pę̄r°n
Datteln	dadels	dąd°lß
Erdbeeren	aardbeien	ą̄rtbäij°n
Feigen	vijgen	väieh°n
Grapefruit	grapefruit	grēpfrūt
Haselnüsse	hazelnoten	hąs°lnōt°n
Himbeeren	frambozen	frambǫs°n
Johannisbeeren	aalbessen	ąlbeß°n
Kirschen	kersen	kęrß°n
Mandarinen	mandarijnen	mandārąin°n
Melonen	meloenen	m°lǚn°n
Pflaumen	pruimen	prȫim°n
Pfirsiche	perziken	pęrsik°n
Preiselbeeren	bosbessen	boßbeß°n
Walnüsse	walnoten	walnōt°n
Weintrauben	druiven	dröiv°n
Alkoholische Getränke	*alcoholische dranken*	alkōhǭliß° drąnk°n
Helles Bier	licht bier	lieht bĭr
Dunkles Bier	donker bier	dọnk°r bĭr
Liköre	likeuren	lĭkǭr°n
Zitronengenever	schilletje	ßehjl°tj°
Spirituosen	spiritualiën	ßpĭrītǖąlī°n
Rotwein	rode wijn	rǭd° wäin
Weißwein	witte wijn	wjt° wäin
Sekt	champagne	schampąnj°
Weinbrand	cognac	konjąk
Apfelwein	cider	ßjd°r
Alkoholfreie Getränke	*alcoholvrije dranken*	alkōhǭlvräij° drąnk°n
Kaffee	koffie	kǫfĭ
Mokka	mokka	mǫkā
Tee	tee	tē
Buttermilch	karnemelk	karn°melk
Schokolade	chocolademelk	schōkōlą̄d°melk
Apfelsaft	appelsap	ap°lßap
Fruchtsaft	vruchtesap	vrǖeht°ßap
Traubensaft	druivesap	dröiv°ßap
Limonade	limonade	lĭmōną̄d°
Milch	melk	melk
Mineralwasser	mineraalwater	mĭn°rąlwāt°r
Tomatensaft	tomatensap	tōmąt°nßap
Orangeade	jus d'orange	Ǥûdorą̄Ǥ
Wasser	water	wąt°r
Soda	soda	ßǭdā
Milchmischgetränk	milkshake	mjlkschēk

Körper- und Kleiderpflege

German	Dutch	Phonetic
Haarschneiden bitte!	Knippen, alstublieft!	knjpᵉn alßtübljft
Den Nacken ausrasieren.	De hals uitscheren.	dᵉ halß öitßehērᵉn
Haarwaschen bitte!	'n Shampoo, alstublieft!	ᵉn schąmpō alßtübljft
Nicht zu *kurz (lang)*.	Niet te *kort (lang)*.	nīt tᵉ kort (lang)
Ich möchte eine Dauerwelle.	Ik wil graag een permanent.	ik wil ehrãeh ᵉn pᵉrmãnent
Waschen und legen bitte!	Wassen en watergolven, a. u. b.!	wąßᵉn en wątᵉreholvᵉn alßtübljft
Eine *Kopfmassage (Gesichtsmassage)* bitte!	'n *Hoofdmassage (gezichtsmassage)*, a. u. b.!	ᵉn hǫftmąßąĜᵉ (ehsjehtßmąßąĜᵉ) alßtübljft
Maniküre (Pediküre) bitte!	*Manicure (pedicure)*, alstublieft!	mąnīkürᵉ (pēdīkürᵉ) alßtübljft
Rasieren bitte!	Scheren, alstublieft!	ßehērᵉn alßtübljft
Die Haare *färben (tönen)*.	*Wilt u mijn haar verven? (ik had graag een kleurspoeling)*.	wjltũ mᵉn här vᵉrvᵉn (ik hat ehrãeh ᵉn klǫrßpũling)

German	Dutch	Phonetic
Wie lange muß ich warten?	Hoe lang moet ik wachten?	hũląng mũtik wąehtᵉn
Dies muß *gereinigt (gefärbt)* werden.	Dit moet *gereinigd (geverfd)* worden.	dit mũt ehᵉrąinᵉeht (ehᵉverft) wordᵉn
Ich möchte dies repariert haben.	Zoudt u dit willen repareren?	sąutũ dit wjlᵉn rᵉpārᵉrᵉn
Diese Sachen müssen gewaschen werden.	Deze spulletjes moeten gewassen worden.	dęsᵉ ßpũlᵉtjᵉß mũtᵉn ehᵉwąßᵉn wordᵉn
Bitte *vorsichtig (nur lauwarm)* waschen!	Zoudt u dit *voorzichtig (alleen maar met lauwarm water)* willen wassen?	sąutũ dit vōrsjehtᵉeh (ąlᵉn mär met ląuwarm wątᵉr) wjlᵉn wąßᵉn
Würden Sie bitte	Wilt u zo goed zijn	wjltũ sō ehũt säin
– diesen Anzug ausbürsten.	– dit pak af te borstelen?	dit pak ąftᵉborßtᵉlᵉn
– diese Bluse bügeln.	– deze blouse te strijken?	dęsᵉ blũsᵉ tᵉ ßträikᵉn
– dieses Kleid waschen.	– deze jurk te wassen?	dęsᵉ jürk tᵉ wąßᵉn
– diesen Knopf annähen.	– deze knoop aan te naaien?	dęsᵉ knōp ąntᵉnäjᵉn
– diese Sachen waschen.	– deze spullen te wassen?	dęsᵉ ßpũlᵉn tᵉ wąßᵉn
– diese Schuhe besohlen.	– deze schoenen te verzolen?	dęsᵉ ßehũnᵉn tᵉ vᵉrsǫlᵉn
– an diese Schuhe neue Absätze machen.	– nieuwe hakken aan deze schoenen te zetten?	nīwᵉ hąkᵉn ãn dęsᵉ ßehũnᵉn tᵉ sętᵉn
– diese Strümpfe stopfen.	– deze kousen te stoppen?	dęsᵉ ką ußᵉn tᵉ ßtopᵉn
– *den Kragen (die Manschetten)* nicht stärken!	– de *boord (manchetten)* liever niet stijven!	dᵉ bōrt (dᵉ manschętᵉn) līvᵉr nīt ßtäivᵉn

---

DROGISTERIJ	Drogerie	BADHUIS	Badeanstalt
STOMERIJ	Reinigung	PARFUMERIE	Parfümerie
KAPPER	Friseur	SCHOENMAKERIJ	Schuhmacherei
WASSERIJ	Wäscherei	KLEERMAKERIJ	Schneiderei

Augenbrauen	wenkbrauwen	węnkbrau⁰n
Augenbrauenstift	wenkbrauwpotlood ...	węnkbraupotlōt
Badesalz	badzout	batsaut
Brausebad	douche	dūsch
Bürste	borstel	borßt⁰l
Dauerwelle	permanent	pęrmānent
Druckknopf	drukknoopje	drŭknōpj⁰
Einlegesohlen	inlegzolen	ịnleehsōl⁰n
Fassonschnitt	model	mōdęl
Fleckenwasser	vlekkenwater	vlęk⁰nwāt⁰r
Frisur	kapsel	kąpß⁰l
Gesichtspuder	gezichtspoeder	eh⁰sịehtßpūd⁰r
Gummiband	elastiek	ēlaßtịk
Haarnadeln	haarspelden	hārßpeld⁰n
Haarwaschmittel	shampoo	schąmpō
Haarwasser	haarwater	hạrwāt⁰r
Hautcreme	huidcrème	hŏitkrēm
Kamm...............	kam................	kam
Kölnischwasser	eau de cologne	ōd⁰kolǫnj⁰
Körperpuder	talkpoeder	tạlkpūd⁰r
Lippenstift	lippenstift	lịp⁰ßtift
Locken	krullen	krŭl⁰n
Lockenwickler	krulspelden	krŭlßpeld⁰n
Mundwasser	mondwater..........	mǫntwāt⁰r
Nagelfeile............	nagelvijltje	nạeh⁰lväiltj⁰
Nagellack	nagellak	nạeh⁰lak
Nagellackentferner	aceton	aß⁰tǫn
Nagelschere	nagelschaartje	nạeh⁰lßehārtj⁰
Nähgarn	naaigaren	nạjehār⁰n
Nähnadel	naainaald	nạjnält
Parfum	parfum	parfǫ̃
Rasierapparat	scheerapparaat	ßehęraparạt
Rasierklingen	scheermesjes	ßehęrmeßj⁰ß
Rasiercreme	scheercrème	ßehęrkrēm
Rasiermesser	scheermes	ßehęrmeß
Rasierpinsel	scheerkwast	ßehęrkwaßt
Rasierseife	scheerzeep	ßehęrsēp
Rasierwasser	scheerwater	ßehęrwāt⁰r
Reißverschluß	ritssluiting	rịtßlöiting
Schere	schaar	ßehār
Schnürsenkel	veter	vę̄t⁰r
Schuhanzieher	schoenlepel	ßehụnlēp⁰l
Schuhbürste	schoenborstel.........	ßehụnborßt⁰l
Schuhcreme	schoensmeer.........	ßehụnßmēr
Schminke	make-up	mēkạp
Stück Seife	stuk zeep	ßtŭk sēp
Sicherheitsnadeln	veiligheidsspelden	vạilịehhäitßpeld⁰n
Sonnenbrille	zonnebril	sǫn⁰bril
Sonnenöl	zonnebrandolie	sǫn⁰brantǭlǐ
Stecknadeln	spelden	ßpęld⁰n
Stopfnadel	stopnaald	ßtǫpnält
Stopfgarn	stopgaren	ßtǫpehār⁰n
Taschenkamm	zakkammetje	sągkam⁰tj⁰
Taschenspiegel	zakspiegeltje	sąkßpịeh⁰ltj⁰
Toilettenseife	toiletzeep	tualętsēp
Toilettenpapier	toiletpapier	tualętpāpịr
Waschlappen	washandje	wąßhantj⁰
Waschpulver	waspoeder	wąßpūd⁰r
Wimperntusche	mascara	maßkạrā
Zahnbürste	tandenborstel.........	tạnd⁰borßt⁰l
Zahnpasta	tandpasta	tạndpaßtā
Zwirn	twijngaren	twạinehār⁰n

Im Laden

Wo kann ich ... kaufen?	Waar kan ik ... krijgen?	wār kạnik ... krä̈ieh⁰n

German	Dutch	Pronunciation
Wo kann ich ... kaufen?	Waar kan ik ... krijgen?	wār kạnik ... krä̈ieh⁰n
Gibt es ein Spezialgeschäft für ...?	Is er een speciale zaak voor ...?	iß⁰r ⁰n ßpē̈ßīǟl⁰ säk vōr
Zeigen Sie mir bitte etwas anderes!	Mag ik nog iets anders zien?	mạehik noeh ītß ạnd⁰rß sīn
Die *Form (Farbe)* gefällt mir nicht.	Deze *vorm (kleur)* bevalt me niet zo.	dệs⁰ vorm (klȫr) b⁰vạlt m⁰ nīt sō
Das Muster ist mir zu *unruhig (auffällig).*	Het patroon is me te *druk (opzichtig).*	⁰t pātrȫn iß m⁰ t⁰ drŭk (opsjeht⁰eh)
Es muß hierzu passen.	Het moet hier bij passen.	⁰t mŭt hịrbäi pạß⁰n
Ich möchte *ihn (sie, es)* anprobieren.	Mag ik *hem (het)* even passen?	mạehik ⁰m (⁰t) ę̄v⁰n pạß⁰n
Können Sie mir die Ware zuschicken?	Kunt u me deze goederen toezenden?	kŭntŭ m⁰ dệs⁰ ehŭd⁰r⁰n tụsend⁰n
Packen Sie es bitte *gut (nett)* ein!	Wilt u het *goed ('n beetje aardig)* inpakken?	wịltŭ ⁰t ehŭt (⁰n bẹtj⁰ ǟrd⁰eh) jmpak⁰n
Eine Quittung bitte.	Mag ik een kwitantie?	mạehik ⁰n kwītạnßī
Bitte entwickeln Sie diesen Film!	Wilt u deze film ontwikkelen?	wịltŭ dệs⁰ film ontwịk⁰-l⁰n
Ich möchte *je einen Abzug (je eine Vergrößerung ... mal ...).*	Ik wil graag van ieder *een afdrukje (een vergroting ... bij ...).*	ik wil ehrä̈eh van ịd⁰r ⁰n ạfdrŭkj⁰ (⁰n v⁰rehrȫting ... bäi ...)

Maße und Gewichte	*Maten en gewichten*	mạt⁰n en eh⁰wjeht⁰n
eine Unze	een ons	⁰n onß
ein Viertelpfund	een kwart pond	⁰n kwart pont
ein *(halbes)* Pfund	een *(half)* pond	⁰n (half) pont
ein *(halbes)* Kilo	een *(halve)* kilo	⁰n (hạlv⁰) kịlō
ein Viertelliter	een kwart liter	⁰n kwart lịt⁰r
ein *(halbes)* Liter	een *(halve)* liter	⁰n (hạlv⁰) lịt⁰r
30 Zentimeter	dertig centimeter	dẹrt⁰eh ßẹntīmēt⁰r
ein *(halbes)* Meter	een *(halve)* meter	⁰n (hạlv⁰) mẹt⁰r
Päckchen / Paket	pakje / pak	pạkj⁰ / pak
Dose / Rolle	doos / rol	dōß / rol
(kleine) Flasche	*(kleine)* fles	(klä̈in⁰) fleß
Tube / Tüte	tube / zakje	tŭb⁰ / sạkj⁰
einige / ein Stück	'n stuk of wat / één stuk	⁰n ßtŭk of wat / ēn ßtŭk
ein Paar / ein Dutzend	een paar / een dozijn	⁰n pār / ⁰n dōsạin

LADEN

BOEKHANDEL	Buchhandlung	OPTICIEN	Optiker
SLAGERIJ	Metzgerei	UITVERKOOP	Ausverkauf
ZOETIGHEDEN	Süßwaren	SCHOENEN	Schuhe
BLOEMEN	Blumen	SOUVENIRS	Andenken
GROENTEN EN FRUIT	Obst und Gemüse	SCHRIJFBEHOEFTEN	Papierwaren
KRUIDENIER	Lebensmittel	TEXTIEL	Textilien

24

German	Dutch	Pronunciation
Anzug	pak	pak
Armband	armband	ạrmbant
Badeanzug	badpak	bạtpak
Badehose	zwembroekje	swẹmbrūkjᵉ
Badekappe	badmuts	bạtmŭtß
Bademantel	badmantel	bạtmantᵉl
Bleistift	potlood	pọtlōt
Briefpapier	postpapier	pọßtpāpjr
Bluse	blouse	blŭsᵉ
Brieftasche	portefeuille	portᵉfọ̈j
Briefumschläge	enveloppen	ävᵉlọpᵉn
Büstenhalter	beha	bēhạ̈
Damenbinden	damesverband	dạ̈mᵉßvᵉrbạnt
Druckknopf	drukknoopje	drŭknȫpjᵉ
Farbfilm	kleurenfilmpje	klọ̈rᵉfilmpjᵉ
Feuerzeug	aansteker	ạ̈nßtēkᵉr
Filterzigaretten	filtersigaretten	filtᵉrßīchärẹtᵉn
Füllfederhalter	vulpen	vŭl(ᵉ)pen
Gürtel	ceintuur	ßäintụ̈r
Halstuch	halsdoekje	hạlßdŭkjᵉ
Handschuhe	handschoenen	hạntßchūnᵉn
Handtuch	handdoek	hạndūk
Hemd	hemd	hemt
Hose	broek	brŭk
Hut *(Damen-)*	hoed *(dames-)*	hūt (dạ̈mᵉß-)
Jacke *(Strick-)*	vestje *(wollen-)*	vẹßjᵉ (wọlᵉn-)
Kerze	kaars	kärß
Kleid	jurk	jŭrk
Knopf	knoop	knōp
Kragen	boord	bōrt
Krawatte	das	daß
Kugelschreiber	ball point	bọl point
Mütze	muts	mŭtß
Nachthemd	nachthemd	nạchthemt
Notizbuch	notitieboekje	nȫtjtßībŭkjᵉ
Nylonstrümpfe	nylons	näilonß
Oberhemd	overhemd	ọ̄vᵉrhemt
Papiertaschentücher	papieren zakdoeken	pāpjrᵉ sạgdŭkᵉn
Pfeifentabak	pijptabak	pạ̈iptābạk
Portemonnaie	portemonnee	portᵉmonẹ̈
Preis	prijs	präiß
Pullover	pullover	pŭlọ̄vᵉr
Regenschirm	paraplu	pärāplụ̈
Reißverschluß	ritssluiting	rjtßlöiting
Rock	rok	rok
Rollfilm	filmpje	fjlmpjᵉ
Sandalen	sandalen	ßandạ̈lᵉn
Schal	sjaal	ßjäl
Schlafanzug	pyjama	pījạ̈mā
Schlüpfer	slipje	ßljpjᵉ
Schuhe	schoenen	ßchūnᵉn
Socken	sokken	ßọkᵉn
Spielkarten	speelkaarten	ßpēlkärtᵉn
Streichhölzer	lucifers	lụ̈ßiferß
Strümpfe	kousen	kạ̈ußᵉn
Strumpfhalter	jarretel	Çarᵉtẹl
Taschentuch	zakdoek	sạgdūk
Tinte	inkt	inkt
Unterhemd	singlet	ßjnglit
Unterrock	onderjurk	ọndᵉrjŭrk
Zigarren	sigaren	ßīchärᵉn
Zigaretten	sigaretten	ßīchärẹtᵉn

LADEN

Behörden, Büros und Banken

An der Grenze	**Aan de grens**	ān d⁰ ehrenß
Soll ich den Koffer auf-machen?	Moet ik m'n koffer open-maken?	mŭtik m⁰n kǫf⁰r ǫp⁰n-māk⁰n
*Haben Sie zollpflich-tige Waren?	Hebt u iets aan te geven?	hęptŭ ItB ānt⁰chēv⁰n
Nur persönliche Dinge.	Alleen dingen voor eigen gebruik.	alęn dįng⁰n vōr ąieh⁰n eh⁰bröik
*Öffnen Sie das bitte!	Wilt u dat even open-maken?	wįltŭ dat ēv⁰n ǫp⁰n-māk⁰n
*In Ordnung!	In orde!	in ǫrd⁰
*Das ist zollpflichtig.	Daarvoor moet u in-voerrechten betalen.	dārvōr mŭtŭ jnvūrecht⁰n b⁰tāl⁰n
*Dafür müssen Sie eine Kaution hinterlegen.	Daarvoor moet u een waarborgsom storten.	dārvōr mŭtŭ ⁰n wąr-borehßom ßtǫrt⁰n
*Haben Sie Gepäck im Gepäckwagen?	Hebt u bagage in de bagagewagen?	hęptŭ bǎehąG⁰ in d⁰ bǎehąG⁰wǎeh⁰n

Geldwechsel	**'t Wisselen van geld**	⁰t wįß⁰l⁰n van ehelt
Wo kann ich Geld wech-seln?	Waar kan ik geld wisse-len?	wār kąnik ehelt wįß⁰l⁰n
Wechseln Sie mir dies bitte in ...!	Wilt u dit inwisselen tegen ...?	wįltŭ dit jnwiß⁰l⁰n tę-eh⁰n
Wie ist der Kurs für ...?	Hoe staat de ...?	hū ßtāt d⁰

Auf der Polizei	**Op 't politiebureau**	op⁰t pōlįtßĪbŭrǭ
Ich möchte eine Anzeige erstatten.	Ik zou aangifte willen doen.	ik sau ānehift⁰ wįl⁰n dūn
Man hat mir ... ge-stohlen.	Ze hebben mijn ... ge-stolen.	s⁰ hęb⁰n m⁰n ... eh⁰ßtǭ-l⁰n
Verständigen Sie bitte mein Konsulat!	Zoudt u mijn consulaat in kennis willen stellen?	sąutŭ māin konsŭląt in kęniß wįl⁰n ßtęl⁰n
*Haben Sie Zeugen?	Hebt u getuigen?	hęptŭ eh⁰töieh⁰n

Auf der Post	**Op 't postkantoor**	op⁰t pǫßtkantōr
Ich brauche für *diesen Brief (diese Karte)* Brief-marken.	Wat moet er op deze *brief (briefkaart)*?	wat mŭt⁰r op dęs⁰ brĪf (brĪfkārt)
Ich möchte diesen Brief eingeschrieben schicken.	Ik wil deze brief graag aangetekend sturen.	ik wil dęs⁰ brĪf ehrăeh āneh⁰tēk⁰nt ßtŭr⁰n
Ich möchte ein Tele-gramm *(mit Rückant-wort)* aufgeben.	Ik wil graag een tele-gram *(met betaald ant-woord)* opgeven.	ik wil ehrăeh ⁰n tēl⁰-ehrąm (met b⁰tąlt ąnt-wōrt) ǫpehev⁰n
Ich möchte ein Gespräch nach ... anmelden *(mit Voranmeldung).*	Ik wil graag een gesprek met ... *(met voorbericht).*	ik wil ehrăeh ⁰n eh⁰ßpręk met ... (met vǫrb⁰rieht)
*Der Teilnehmer ant-wortet nicht.	De abonnee geeft geen gehoor.	d⁰ abonę̄ cheft ehēn eh⁰hǭr
*Die Nummer ist be-setzt.	Het nummer is in ge-sprek.	⁰t nŭm⁰r iß eh⁰ßpręk
*Die Leitung ist gestört.	Er is storing op de lijn.	⁰r iß ßtǫring op d⁰ läin

Absender	afzender	ạfsend°r
Adreßbuch	adresboek	ādrẹßbūk
Adresse	adres	ādrẹß
Ausweis	identiteitsbewijs	Identītặitßb°wặiß
Brief	brief	brīf
Briefmarken	postzegels	pọßtsẹ̄eh°lß
Brieftelegramm	brieftelegram	brịftẹl°ehrạm
Briefwaage	brieveweger	brịv°wẹ̄eh°r
Deutschland	Duitsland	dȫitßlant
Devisen	deviezen	d°vịs°n
Devisenbescheinigung ..	deviezenverklaring	d°vịs°v°rklặring
Dolmetscher	tolk	tolk
Drucksache	drukwerk	drụ̄kwerk
mit Eilboten	per expresse	per ekßprẹß°
Ferngespräch	interlokaal gesprek	int°rlōkặl eh°ßprẹk
Fernschreiben	telexbericht	tẹ̄lekßb°rjẹht
Formular	formulier	formǖljr
Kreditbrief	kredietbrief	kr°djtbrīf
mit Luftpost	met luchtpost	met lụ̄ehtpoßt
Nachsendeantrag	aanvraag om post door te sturen	ānvrặeh om poßt dọrt°-ßtụ̄r°n
Ortsgespräch	lokaal gesprek	lōkặl eh°ßprẹk
Österreich	Oostenrijk	ọ̄ßt°nräik
Päckchen	pakje	pạkj°
Paket	pakket	pakẹt
Paketannahme	pakketpost	pakẹtpoßt
Paßkontrolle	pascontrole	pạßkontrọl°
Polizeiwache	politiepost	pōlịtßīpoßt
Porto	porto	pọrtō
Postamt	postkantoor	pọßtkantōr
Postanweisung	postwissel	pọßtwiß°l
Postkarte	postkaart	pọßtkärt
Reisepaß	pas(poort)	pạß(pōrt)
Reisescheck	reischeque	rặißschek
mit Rückantwort	met betaald antwoord .	met b°tặlt ạntwōrt
Schalter	loket	lōkẹt
Schweiz	Zwitserland	swịtß°rlant
Telefonbuch	telefoongids	tẹ̄l°fọ̄nehitß
Telefonnummer	telefoonnummer	tẹ̄l°fọ̄nǚm°r
Telefonzelle	telefooncel	tẹ̄l°fọ̄nßel
Telegramm	telegram	tẹ̄l°ehrạm
Telegrammformular ...	telegramformulier	tẹ̄l°ehrạmformǖljr
telegrafisch	telegrafisch	tẹ̄l°ehrặfīß
Überweisung	giro	ehịrō
Unterschrift	handtekening	hạntēk°ning
Wagenpapiere	autopapieren	ọ̄tōpäpjr°n
Wechselkurs	wisselkoers	wịß°lkūrß
Zahlkarte	stortingsformulier	ßtọrtingßformǖljr
Zollabfertigung	douanekantoor	dūặn°kantọr

GRENS	Grenze	WISSELKANTOOR	Geldwechsel
KASSA	Kasse	BANK VAN LENING	
DOUANE	Zoll		Leihhaus
BRANDMELDER	Feuermelder	POLITIE	Polizei
BRANDWEER	Feuerwehr	POSTE RESTANTE	Postlagernd
BRIEVENBUS	Briefkasten	POSTKANTOOR	Postamt
		SPAARKAS	Sparkasse

Erste Hilfe

Können Sie mir einen guten Arzt (Spezialisten für ...) empfehlen?	Kunt u me een *goede arts (specialist voor ...)* aanbevelen?	kŭntŭ m⁰ °n ehŭd⁰ artß (ßpēßīāljßt vōr ...) ānb⁰vēl⁰n
Wo ist die nächste *Apotheke (Unfallstation)*.	Waar is hier een *apotheek (E.H.B.O.-post)* in de buurt?	wāriß hīr °n apōtĕk (ēhābēǫpoßt) in d⁰ bŭrt
*Welche Beschwerden haben Sie?	Wat hebt u voor klachten?	wat hẹptŭ vōr klạeht⁰n
Ich habe hier Schmerzen.	Ik heb hier pijn.	ik hep hīr päin
Ich leide an ...	Ik heb last van ...	ik hep laßt van
Ich *möchte (brauche dringend)* ein Mittel gegen ...	Ik *zou graag een middel willen hebben (heb dringend een middel nodig)* tegen ...	ik sau ehrāeh °n mjd⁰l wjl⁰n hẹb⁰n (hep drjng⁰nt °n mjd⁰l nǫd⁰eh) tẹeh⁰n
Wann soll ich wiederkommen?	Wanneer moet ik terugkomen?	wanẹr mŭtik t⁰rŭehkōm⁰n
Wann (Wie oft) muß ich das einnehmen?	*Wanneer (hoe vaak)* moet ik dat innemen?	wanẹr (hū vāk) mŭtik dat jnēm⁰n
Kann der Zahn plombiert werden?	Kan deze kies gevuld worden?	kan dẹs⁰ kīß eh⁰vŭlt wǫrd⁰n
Muß der Zahn gezogen werden?	Moet deze kies getrokken worden?	mŭt dẹs⁰ kīß eh⁰trǫk⁰n wǫrd⁰n

Krankheiten — Ziekten — sīkt⁰n

Blinddarmentzündung ..	blindedarmontsteking .	blind⁰dạrmontßtēking
Blinddarmreizung	gevoelige blindedarm ..	eh⁰vŭl⁰eh⁰ blind⁰dạrm
Blutung..............	bloeding	blŭding
Durchfall	diarree	dīarẹ
Gallensteine	galstenen	ehạlßtēn⁰n
Gelbsucht	geelzucht	ehẹlsŭeht
Geschwür	zweer	swēr
Gicht / Ischias	jicht / ischias	jieht / jßehīaß
Grippe	griep	ehrīp
Halsschmerzen	keelpijn	kẹlpäin
Hühneraugen	likdoorns	ljkdōrnß
Husten	hoest	hŭßt
Insektenstiche	insectenbeten.........	inßẹkt⁰bēt⁰n
Knochenbruch	fractuur	fraktŭr
Kopfschmerzen	hoofdpijn	hǫftpäin
Magenschmerzen	maagpijn	mạehpäin
Nasenbluten	neusbloeding	nǫßblŭding
Ohnmacht	flauwte	flạuwt⁰
Prellung	kneuzing	knǫsing
Rheumatismus	reumatiek	rōmätjk
Schlaganfall	beroerte	b⁰rŭrt⁰
Schnupfen	verkoudheid	v⁰rkạuthäit
Sodbrennen	maagzuur.............	mạehsŭr
Sonnenbrand	zonnebrand	sǫn⁰brant
Sonnenstich	zonnesteek	sǫn⁰ßtēk
Verbrennung	verbranding	v⁰rbrạnding
Vereiterung	verettering	v⁰rẹt⁰ring
Vergiftung	vergiftiging	v⁰rehjft⁰ehing
Verrenkung	verstuiking	v⁰rßtǫiking
Verstopfung	verstopping	v⁰rßtǫping
Zahnschmerzen	kiespijn	kjßpäin
Zuckerkrankheit	suikerziekte	ßǫik⁰rsīkt⁰

German	Dutch	Pronunciation
Abführmittel	laxeermiddel	lakßẹrmid°l
Apotheke	apotheek	āpōtẹk
Arznei	medicijn	mēdißäin
Binde	zwachtel	swạeht°l
Blase	blaas	blāß
Blinddarm	blindedarm	blind°dạrm
Blutdruck	bloeddruk	blūtdrŭk
Brandsalbe	brandzalf	brạndsalf
Darm	darm	darm
Drüsen	klieren	klịr°n
Entzündung	ontsteking	ontßtẹking
Fieber	koorts	kȫrtß
Galle	gal	ehal
Heftpflaster	hechtpleister	hẹehtpläißt°r
Herz	hart	hart
Infektion	infectie	infẹkßi
Klinik	kliniek	klīnịk
Knochen	been	bēn
Krankenhaus	ziekenhuis	sịk°nhöiß
Krankenwagen	ziekenauto	sịk°ōtō
(Zahn-)Krone	kroon	krōn
Leber	lever	lẹv°r
Luftröhre	luchtpijp	lŭehtpäip
Lunge	long	long
Magen	maag	māeh
Mandeln	amandelen	ämạnd°l°n
Muskeln	spieren	ßpịr°n
Nerv	zenuw	sẹnüw
Nieren	nieren	nịr°n
Operation	operatie	ōp°rạtßī
Pflaster	pleister	plạ̈ißt°r
Plombe	vulling	vŭling
Puls	pols	polß
Röntgenaufnahme ...	röntgenfoto	rŭntsch°nfōtō
Salbe	zalf	salf
Schilddrüse	schildklier	ßehịltklīr
Schlafmittel	slaapmiddel	ßlạ̈pmid°l
Temperatur	temperatuur	temp°rạtŭr
Thermometer	thermometer	tẹrmōmẹt°r
Umschlag	kompres	komprẹß
Unterleib	onderlijf	ọnd°rläif
Urin	urine	ürịn°
Verband	verband	v°rbạnt
Verbandwatte	verbandwatten	v°rbạntwat°n
Verletzung	verwonding	v°rwọnding

APOTHEEK	Apotheke	EERSTE HULP	Erste Hilfe
KINDERARTS	Kinderarzt	E.H.B.O.-POST	Unfallstation
SPREEKUUR	Sprechstunde	VROUWENARTS	Frauenarzt
TANDARTS	Zahnarzt	ORTHOPEDIST	Orthopäde
NEUS-, KEEL- EN OORARTS	Hals-, Nasen- u. Ohrenarzt	WACHTKAMER	Wartezimmer

29

Erholung, Unterhaltung und Vergnügen

Wo bekommt man Karten für ...?	Waar kun je kaarten krijgen voor ...?	wär kŭn jᵉ kărtᵉn kräiᵉhᵉn vōr
Wann beginnt der Vorverkauf?	Wanneer begint de voorverkoop?	wanẹr bᵉchjnt dᵉ vǫrvᵉrkōp
Wann beginnt die Vorstellung?	Hoe laat begint de voorstelling?	hŭlặt bᵉchjnt dᵉ vǫrßteling
Wie lange dauert die Veranstaltung?	Hoe lang duurt de bijeenkomst?	hŭ lang dŭrt dᵉ bäiẹnkomßt
Gibt es noch Karten für ...?	Zijn er nog kaarten voor ...?	säin ᵉr noch kărtᵉn vōr
Haben Sie noch gute Plätze für ...?	Hebt u nog goede plaatsen voor ...?	heptŭ noch chŭdᵉ plặtßᵉn vōr
Welches sind die besten Plätze?	Wat zijn de beste plaatsen?	wat säin dᵉ beßtᵉ plặtßᵉn
Geben Sie mir bitte ... Karten für ...!	Mag ik ... kaarten voor ...?	machik ... kărtᵉn vōr
Ich möchte ... Karten für ... vorbestellen.	Ik wilde graag ... kaarten vooruitbestellen voor ...	ik wjldᵉ chrăch ... kărtᵉn vōrȫitbᵉßtẹlᵉn vōr
Bis wann muß ich die Karten abholen?	Wanneer moet ik de kaarten uiterlijk afhalen?	wanẹr mŭtik dᵉ kărtᵉn ȫitᵉrlᵉk afhălᵉn
Sind die Plätze numeriert?	Zijn de plaatsen genummerd?	säin dᵉ plặtßᵉn chᵉnŭmᵉrt
Ich möchte diese Karten *umtauschen (zurückgeben).*	Ik zou deze kaarten graag willen *ruilen (teruggeven).*	ik sau dẹsᵉ kărtᵉn chrăch wjlᵉn rȫilᵉn (tᵉrŭchẹvᵉn)
Läuft der Film in Originalfassung?	Draait deze film in de oorspronkelijke versie?	drặjt dẹsᵉ film in dᵉ ōrßprǫnkᵉlᵉkᵉ vᵉrsī
Ist der Film synchronisiert?	Is deze film gesynchroniseerd?	iß dẹsᵉ film chᵉßinchrōnīßẹrt
Hat der Film Untertitel?	Heeft deze film een Nederlandse tekst?	hêft dẹsᵉ film ᵉn nẹdᵉrlantßᵉ tekßt
Es gibt nur noch Karten für (zu) ...	Er zijn alleen nog maar kaarten *voor (van)* ...	ᵉr säin alᵉn noch măr kărtᵉn vōr (van)
Es ist alles ausverkauft.	Alles is uitverkocht.	alᵉß iß ȫitvᵉrkocht
Kann man *(hier)* – einen Badeanzug – eine Badehose – ein Handtuch leihen?	Kun je *(hier)* – een badpak – een zwembroekje – een handdoek huren?	kŭn jᵉ (hīr) ᵉn bặtpak ᵉn swᵉmbrükjᵉ ᵉn handŭk hŭrᵉn
Wie *tief (warm)* ist das Wasser?	*Hoe diep is het hier (hoeveel graden is het)?*	hŭ djp jßᵉt hīr (hŭvᵉl chrặdᵉn jßᵉt)
Wie weit darf man hinausschwimmen?	Hoever mag je in zee?	hŭvᵉr machjᵉ in sē

VERBODEN TE BADEN	Baden verboten	BIOSCOOP	Kino
BADHUIS	Badeanstalt	UITVERKOCHT	Ausverkauft
CABARET	Kabarett	SCHOUWBURG	Theater

30

Badewärter	badmeester	bątmēßtᵉr
Bar	bar	bär
Beiprogramm	bijprogramma	bäiprōehramä
Boxkampf	bokswedstrijd	bǫkßwetßträit
Freilichtbühne	openluchttheater	ōpᵉnlǚehtēātᵉr
Fußballplatz	voetbalveld	vǖtbalvelt
Fußballspiel	voetbalwedstrijd	vǖtbalwetßträit
Garderobe	garderobe	ehardᵉrōbᵉ
Golfplatz	golflinks	gǫlflinkß
Hockeyspiel	hockeywedstrijd	hǫkīwetßträit
Kabarett	cabaret	kabāręt
Kartenverkauf	kaartverkoop	kǻrtvᵉrkǭp
Kasse	kassa	kąsä
Kino	bioscoop	bīoßkǫp
Konzert	concert	konßęrt
Kulturfilm	documentaire	dōkǖmentęrᵉ
Liegestuhl	ligstoel	ljehßtūl
Loge	loge	lǒGᵉ
Lustspiel	blijspel	bläißpel
Nachtlokal	nachtcafé	nąehtkafē
Oper	opera	ǭpᵉrä
Operette	operette	ōpᵉrętᵉ
Opernglas	toneelkijker	tōnęlkäikᵉr
Orchestersitz	stalles	ßtąlᵉß
Paddelboot	paddelboot	pądᵉlbōt
Parkett	parterre	partęrᵉ
Pferderennen	wedren	wętren
(Theater-)Platz	plaats	plätß
Platzanweiserin	ouvreuse	ūwrǫsᵉ
Programm	programma	prōehrąmä
Rang	balkon	balkǫn
Rennbahn	renbaan	ręnbän
Rettungsring	reddingsboei	rędingßbūj
Revue	revue	rᵉvǖ
Ringkampf	worstelwedstrijd	wǫrßtᵉlwetßträit
Ruderboot	roeiboot	rǖbōt
Schauspiel	toneelstuk	tōnęlßtǔk
Schwimmbad	zwembad	swęmbat
Schwimmweste	zwemvest	swęmveßt
Segelboot	zeilboot	säilbōt
Skier	skiër	schĵᵉr
Sonnenschirm	parasol	päräßǫl
Spielkasino	speelzaal	ßpęlsäl
Spielplan	toneelagenda	tōnęlaehęnda
Stadion	stadion	ßtādĵǫn
Start	start	ßtart
Strand	strand	ßtrant
Tanzbar	danslokaal	dąnßlōkäl
Tennisplatz	tennisveld	tęnißvelt
Textbuch	tekstboekje	tękßtbūkjᵉ
Umkleidekabine	kleedhokje	klęthokjᵉ
Untertitel (Film)	onderschrift	ǫndᵉrßehrift
Vorverkauf	voorverkoop	vǫrvᵉrkǭp
Wertsachen	voorwerpen van waarde	vǫrwerpᵉn van wąrdᵉ
Wochenschau	filmjournaal	fjlmGūrnąl
Ziel	finish	fjnisch
Zirkus	circus	ßjrkǚß
Zoologischer Garten	dierentuin	dĵrᵉtöin

Stichwortregister